Tilman Hachfeld: Psalmenpredigten

Tilman Hachfeld

Psalmenpredigten

BOD-Verlag

*Bibliografische Information der Deutschen Nationalbibliothek:
Die Deutsche Nationalbibliothek verzeichnet diese Publikation in der
Deutschen Nationalbibliografie; detaillierte bibliografische Daten sind
im Internet über http://dnb.dnb.de abrufbar.*

© *2017 Tilman Hachfeld*

Herstellung und Verlag: BoD – Books on Demand, Norderstedt

ISBN: 978-3-**978-3-743180789**

Vorbemerkungen

Dass die biblischen Psalmen, das Gesang- und Gebetbuch Israels, von Anfang an auch im christlichen Gottesdienst ihren Ort hatten und haben, ist kaum bestritten. In der Reformationszeit fanden sie in Martin Luther und besonders bei Johannes Calvin engagierte Ausleger. Calvin, der sonst nur über neutestamentliche Perikopen predigte, predigte fortlaufend über alle 150 Psalmen, die er zudem in seinen Vorlesungen gründlich interpretierte.

Trotz dieser reformatorischen Wertschätzung gingen die Psalmen aus den vorgeschlagenen Predigttexten der Perikopenordnung der lutherischen Kirchen verloren. Erst in der anstehenden Revision kommen 11 von ihnen, verteilt auf vier Predigtreihen, wieder vor.

Als reformierter Prediger in einer preußisch-unierten Kirche konnte ich mir die Freiheit nehmen, an Stelle der vorgegebenen Perikopen immer wieder über Psalmen zu predigen. Dabei war mir bewusst, dass sie das ungeteilte Erbe Israels bleiben und wir Christen nur hoffen dürfen, durch den Sohn Israels, Jesus von Nazareth, daran Anteil zu bekommen.

Die hier abgedruckten Predigten wurden in den Jahren 1995 bis 2011 vorwiegend in den beiden Predigtstätten der Französischen Kirche (Hugenottenkirche) zu Berlin und in anderen Gemeinden des Reformierten Kirchenkreises Berlin-Brandenburg gehalten. Ich habe sie für die Veröffentlichung nicht verändert; Zeitbezüge können durch die Datierung deutlich werden.

Da der Predigtgottesdienst mit allen Elementen ein Ganzes bilden soll, sind auch die Lieder angegeben, die gesungen wurden (nach dem Evangelischen Gesangbuch für die Reformierte Kirche mit den vorangestellten 150 Psalmen in Liedform), sowie weitere Texte, die gelesen wurden, und die Gebete nach der Predigt.

Die Übersetzung der Psalmen aus dem Hebräischen stammen in der Regel von mir, andernfalls wird die Quelle genannt.

In den Übersetzungen oder Predigten steht öfter „JHWH"; das sind die Konsonanten des Namens Gottes, der nicht ausgesprochen wird. Stattdessen wird „der Ewige" oder „der Herr" gesagt (in der jeweiligen grammatikalischen Beugung).

Berlin, im Frühjahr 2017 *Tilman Hachfeld*

Verzeichnis der Predigten: Seite

zu Psalm 8 am 25. Mai 1995   7
zu Psalm 19 am 2. November 2003   13
zu Psalm 22 am 2. April 1999   21
zu Psalm 23 am 30. Oktober 2005   29
zu Psalm 24 am 3. Dezember 1995   37
zu Psalm 25 am 8. Oktober 2006   45
zu Psalm 27 am 12. Mai 2002   51
zu Psalm 31 am 26. Februar 2006   57
zu Psalm 34 am 27. März 2011   65
zu Psalm 40 am 8. August 2004   73
zu Psalm 42 am 21. Januar 1996   79
zu Psalm 46 am 25. November 2001   85
zu Psalm 48 am 19. August 2001   91
zu Psalm 62 am 2. März 2003   97
zu Psalm 65 am 3. Oktober 2004   103
zu Psalm 84 am 26. März 2006   109
zu Psalm 85 am 23. Mai 1999   117
zu Psalm 90 am 24. November 2002   125
zu Psalm 91 am 21. Februar 2010   131
zu Psalm 96 am 24. Dezember 2006   139
zu Psalm 98 am 22. Juni 2003   145
zu Psalm 104 am 5. August 2001   151
zu Psalm 113 am 27. August 1995   159
zu Psalm 115 am 19. April 2009   165
zu Psalm 116 am 22. April 2006   173
zu Psalm 119 (lamed) am 6. Februar 2010   179
zu Psalm 138 am 25. August 1996   185
zu Psalm 146 am 9. Mai 2004   193

Predigt zu Psalm 8 am 25. Mai 1995 (Himmelfahrt) in der Französischen Friedrichstadtkirche zu Berlin

Lieder vor der Predigt: 123, 1-4: Jesus Christus herrscht als König..., 235 (ganz): O Herr, nimm unsre Schuld... und 271, 1-8: Wie herrlich gibst Du, Herr, Dich zu erkennen...

Weitere Texte: Die zehn Gebote, Lukas 24, 50-53. und Frage und Antwort 49 aus dem Heidelberger Katechismus

Psalm 8
(Dem Chorleiter: Nach „Kelterlied", für David)
Herr (JHWH), unser Herrscher, wie herrlich ist Dein Name in aller Welt!
Ja, Du: Lege doch Deine Herrlichkeit auf die Himmel!
Aus Kinder-, aus Säuglingsmund begründest Du Macht um derer willen, die Dich bekriegen,
dass aufhöre, wer anfeindet und wer sich rächt.
Denn betrachte ich Deine Himmel, das Werk Deiner Finger, Mond und Sterne, die Du da hingesetzt hast -
was ist da der Mensch, dass Du sein Dich erinnerst, was der Adamssohn, dass Du Dich um ihn kümmerst?
Wenig lässt Du ihm fehlen, selbst Gott zu sein, mit Ehre und Hoheit krönst Du ihn,
zum Herrscher setzt Du ihn ein, lässt ihn herrschen über das Werk Deiner Hände,
legst alles ihm zu Füßen:
Schafe und Rinder allesamt und auch das Wild des Feldes,
die Vögel des Himmels und die Fische im Meer,
alles, was Wasserfluten durchzieht.
Herr (JHWH), unser Herrscher, wie herrlich ist Dein Name in aller Welt!

Liebe Gemeinde,
was ist der Mensch? Diese Frage ist der Dreh- und Angelpunkt in diesem Psalm. Da ist zunächst einmal von der Herrlichkeit des Namens

Gottes in aller Welt die Rede und von seiner himmlischen Höhe, von seiner uns unbegreiflichen Macht, von der Größe seiner Schöpfung - und dann die Frage: „Was ist der Mensch, dass Du sein Dich erinnerst, was der Adamssohn, dass Du Dich um ihn kümmerst?"

Hätten wir an dieser Stelle aufgehört, den Psalm zu lesen und versucht, selber die Antwort zu finden, ich bin sicher - und Erfahrungen aus Bibelseminaren bestätigen es -, dass unsere Antwort ausgefallen wäre wie etwa im 144. Psalm, der auf die gleiche Frage die Antwort gibt: „Der Mensch gleicht einem Hauche, seine Tage sind wie flüchtige Schatten.", oder dass wir mit Luther geantwortet hätten: „Wir sind allzumal Sünder!"

Wie anders antwortet dieser Psalm: „Wenig lässt Du ihm fehlen, selber Gott zu sein, mit Ehre und Hoheit krönst Du ihn." Und dann wird von des Menschen Herrschaft über die Schöpfung, besonders über alles Getier gesprochen, als übte er sie im Sinn Gottes und zum Heil der Schöpfung aus...

Halt! Nein! Das letzte steht nur in unserem Köpfen. Hier im Psalm steht nichts über das Wie: Wie der Mensch mit dem umgeht, was Gott ihm zu Füßen gelegt hat.

Zwar wird uns, wenn wir diesen Psalm hören oder lesen, unwohl uns angesichts dessen, wie wir Menschen mit der Schöpfung, mit unseren Mitgeschöpfen und gar mit unseren Mitmenschen umgehen. Da empfinden wir nicht Herrlichkeit sondern - hoffentlich - Scham. Das muss uns bedrücken. Aber das ist nicht Thema des Psalms.

Wie sollen wir mit dem Psalm nun umgehen ? Wie sind andere vor uns damit umgegangen? In den Jesusschriften der Bibel wird er zweimal zitiert, am eindrücklichsten im Hebräerbrief. Der macht allerdings aus dem qualitativ gemeinten „nur wenigem", das uns am Gottsein fehlt, eine „kurze Zeit", und das ist die Lebenszeit Jesu auf Erden, in der er - entsprechend der griechischen Fassung der hebräischen Bibel - nicht unter Gott sondern unter die Engel erniedrigt wurde: Als Mensch auf Erden.

Da wird der Psalm also auf Jesus, den Christus bezogen - und uns anderen Menschen damit vielleicht entzogen? Das nicht. Der Hebräerbrief bricht das Zitat allerdings ab, bevor es um so Konkretes wie Schafe und Rinder geht. Denn in seiner Interpretation ist es ja der erhöhte Christus, der nun, mit Herrlichkeit gekrönt, zum Herrscher eingesetzt ist, und der dabei doch unser Bruder ist und bleibt. In ihm haben wir Anteil an dieser Herrschaft. Aber sie bleibt zukünftig und damit unkonkret.

Wären wir damit endlich - „erhöhter Christus" - beim Tagesthema angelangt? Denn schließlich feiern wir heute doch das Fest „Christi Himmelfahrt".

Ich meine, wir waren schon beim Thema. Das Fest der Himmelfahrt als solches allerdings scheint Schwierigkeiten zu bereiten, nicht zuletzt wegen der anschaulichen Himmelfahrtsgeschichte, die wir vorher gehört haben. Ich habe mir für die Vorbereitung auf diese Predigt ein Buch vorgenommen, in dem alle Glaubensbekenntnisse enthalten sind, die nach 1945 von reformierten Kirchen formuliert und offiziell angenommen worden sind. Es sind 25 Bekenntnisse oder Erklärungen aus allen 5 bewohnten Kontinenten. Doch lediglich vier davon gebrauchen das Wort „Himmelfahrt", eins davon nur in einer Zwischenüberschrift, ohne es im Text aufzunehmen, und auch die anderen drei nicht zentral. Natürlich ist damit in keinem Fall das Bekenntnis zum aufgefahrenen Herrn abgeschafft, beziehen sie sich doch alle auf die älteren Bekenntnisse der Kirche. Aber da ist offensichtlich eine Scheu, in einem heutigen Text darauf einzugehen, dass Jesus vor den Augen seiner Jünger in den Himmel empor gefahren sei. Das gibt zu denken.

Keine Schwierigkeit haben diese Bekenntnisse dagegen, von etwas viel Abstrakterem, nämlich vom erhöhten Christus zu sprechen, also vom Ergebnis der Himmelfahrt. Aber wer wurde da erhöht? Oder, um auf die Worte des Psalms zurückzukommen: Wer wurde da mit Ehre und Hoheit gekrönt?

Legte der auferstandene Jesus in der Himmelfahrt etwa sein Menschsein endgültig ab? Oder wird in ihr nicht gerade die Würde dieses Menschen Jesus, der so erniedrigt worden war, wiederhergestellt? Ich möchte damit keine dogmatische Diskussion eröffnen, die uns nur wenig bringen würde. Vielmehr sollten wir uns ganz einfach daran erinnern, um was es in der ganzen Bibel geht: Um die Menschen und um Gottes Interesse an ihnen.

Als ich das erwähnte Buch mit den neueren reformierten Bekenntnissen durchsah, fand ich auch folgenden Abschnitt aus dem kubanischen Bekenntnis von 1977: „Die Heilige Schrift bezeugt, dass der Mensch der Mittelpunkt des ganzen Interesses Gottes ist. In ihr wird die Liebe Gottes zur Kreatur nicht nur evident, sie zeigt sich als eine göttliche Notwendigkeit. Das liebende Interesse Gottes an der menschlichen Kreatur wird von der Heiligen Schrift mit dem Wesen Gottes gleichgesetzt.

Allein in dieser Liebe findet die Kirche das theologische Material, mit welchem sie ihre Wahrheit lehrmäßig formuliert. Alle Lehren, die die Kirche im Lauf der Jahrhunderte fortschreitend erarbeitet hat, sind in dem Maße gültig, in dem sie uns die liebende Absicht Gottes mit dem Menschen besser verstehen lassen."

... in dem Maße gültig, in dem sie uns die liebende Absicht Gottes mit dem Menschen besser verstehen lassen: Ich meine, das sollte auch das Kriterium sein, mit dem wir sowohl an den Gedanken von der Himmelfahrt Jesu als auch an unseren Psalm herangehen.

Es geht um die Liebe Gottes, die dem Menschen seine Würde gibt. Nicht er selbst gibt sie sich. Auch Jesus schwingt sich nicht selbst zum Himmel empor sondern wird emporgehoben. Diejenigen dagegen, die sich selbst eine eigene Würde zu geben versuchen, wirken zumeist lächerlich oder werden sehr gefährlich (was einander nicht ausschließt).

Wirkliche Würde ist ein Geschenk Gottes, und die Achtung der Menschenwürde hier auf Erden ist deshalb nicht nur eine politische Pflicht sondern Gottesdienst.

Als Geschenk Gottes aber ist die Menschenwürde nicht abhängig von unserem eigenen Verhalten. Was wir mit ihr anfangen ist zwar unsere Sache. Man ist versucht zu sagen: leider. Denn die Art und Weise, wie die Menschen zumeist mit der Herrschaftswürde umgehen, die Gott ihnen gegeben hat, indem er ihnen die Erde zur Verwaltung übergab, ist dieses Geschenks unwürdig.

Dennoch ist die Würde selber in jedem Fall unantastbar, denn sie ist begründet in unserem Vor-Gott-Sein, unserem Ihm-nahe-Sein, dem wir uns nicht selber entziehen können, auch nicht durch Gottlosigkeit. Das lehrt uns die Geschichte Jesu, in dem Gott uns ganz nahe wird und die Gottlosen zu sich beruft und ihnen in der Emporhebung in den Himmel, all ihrem unwürdigen Verhalten zum Trotz, ihre ursprüngliche Menschenwürde bestätigt.

Wer versucht, die anzutasten, wer jemanden anfeindet oder rachsüchtig ist, der bekriegt Gott. Allerdings vergeblich. Denn Gott hat sich selber eine Macht begründet, an die solche Feinde nicht herankommen:

seine Macht in den Schwachen, begründet aus Kinder- und Säuglingsmund.

Damit entzieht Gott sich unseren rationalen Argumenten und intellektuellen Zweifeln. Die können wir auf ihn nicht anwenden. Die Kraft und Phantasie, die sie uns kosten, sollten besser verwandt werden auf eine fürsorgliche, Gottes Liebe abbildende Art und Weise, die Schöpfung zu pflegen. Wie das im Einzelnen aussehen könnte, ist ein anderer Diskurs. Aber dass wir es könnten, dass uns die Würde gegeben ist, Gottes Liebe zur Geltung zu bringen, das ist Grund zum Lob:

„Herr, unser Herrscher, wie herrlich ist Dein Name in aller Welt!"
Halleluja, Amen.

Lied 284 (ganz): Das ist köstlich, Dir zu sagen Lob und Dank...

Gebet: Herr, lehre uns, Dir in richtiger Weise zu danken und Dein Lob in der Welt sicht- und spürbar zu machen, die das so bitter nötig hat. Du hast uns die Erde geschenkt und den Himmel geöffnet. Lass mehr von Deinem Himmel auf die Erde fließen, mehr von Deiner Liebe durch uns. Wir bitten Dich um mehr Liebe und gegenseitiges Verständnis in Deiner Kirche und Gemeinde, um gemeinsam nicht unsere sondern Deine Weise zu leben. Wir bitten Dich um mehr Liebe und Umsicht zwischen den Menschen, damit nicht die einen von den anderen abgeschrieben oder vergessen werden. Wir bitten Dich um mehr Liebe und Gerechtigkeit in Politik und Wirtschaft, damit das Geschenk Deiner Schöpfung allen Menschen in gleicher Weise zugute kommt. Wir bitten Dich um mehr Liebe und Klarheit in den Köpfen, auf dass wir alle aneinander die Würde erkennen, die Du uns allen gleicherweise verliehen hast. Gemeinsam bitten wir mit den Worten Jesu:
Unser Vater im Himmel...

Predigt zu Psalm 19 am 2. November 2003
im Coliny-Kirchsaal Berlin Halensee

Lieder vor der Predigt: Psalm 84, 1 – 4: Wie lieblich schön, Herr Zebaoth..., Psalm 119, 4. 10. 11.: Ich danke Dir... und Psalm 19, 1 – 6 (ganz): Der Himmel zahllos Heer...

Weitere Texte: Micha 6, 8., die Zehn Gebote und die Summe, Ps. 66, 11., Matthäus 5, 17 – 20. und Farge und Antwort 86 aus dem Heidelberger Katechismus

Psalm 19
(An den Dirigenten: Ein Psalm für David.)
Die Himmel verkünden die Hoheit Gottes, und vom Werk seiner Hände erzählt das Firmament.
Tag lässt dem Tag Rede strömen, und Nacht tut der Nacht Wissen kund - ohne Rede und ohne Worte, ohne dass ihre Stimme gehört wird.
Über die ganze Erde geht ihre Messschnur aus und bis zum Ende des Erdkreises ihr Reden.
Der Sonne errichtet ER in ihnen ein Zelt,
und sie, wie ein Bräutigam herauszieht aus dem Gemach, frohlockt wie ein Held, die Bahn zu laufen.
Vom Ende der Himmel ist ihr Ausgang und ihr Kreislauf bis zu deren Ende, und nichts kann sich verbergen vor ihrer Glut.
Die Tora JHWHs ist vollkommen, sie bringt das Leben zurück.
Das Zeugnis JHWHs ist verlässlich, es macht Einfältige weise.
Die Festlegungen JHWHs sind gerade, sie erfreuen das Herz.
Das Gebot JHWHs ist lauter, es erleuchtet die Augen.
Die Furcht JHWHs ist rein, sie bleibt ewig.
Die Rechtssprüche JHWHs sind Wahrheit, sind alle gerecht.
Sie sind kostbarer als Gold und Mengen von Feingold und süßer als Honig und Wabenseim.
Auch dein Knecht lässt sich von ihnen warnen; sie zu beachten gibt reichen Lohn.
Verfehlungen - wer erkennt sie? Von den verborgenen sprich mich frei.
Auch vor den Frechen verschone deinen Knecht. Sie sollen nicht über mich herrschen.

Dann bin ich vollkommen und rein von großer Schuld.
Dir zum Wohlgefallen sollen die Reden meines Mundes und das Denken meines Herzens sein, JHWH, mein Fels und mein Erlöser!

Liebe Gemeinde,

ist das ein Psalm oder sind es zwei? Sieben Verse lang ist von Himmeln und Firmament die Rede, in denen die Sonne ihre Bahn zieht – und dann folgen acht Verse, die scheinbar in keinem Zusammenhang damit stehen und die Weisung Gottes besingen. Und doch werden diese beiden Teile seit eh und je als ein Psalm überliefert. Nur die Zürcher Bibel trennte ihn früher durch eine Zwischenüberschrift in zwei. Das tut die neue Zürcher Übersetzung nicht mehr.

Nach dem Zusammenhang von Himmeln und Gottes Weisung ist deshalb zu fragen. Behalten wir die Frage im Gedächtnis, wenn wir die einzelnen Verse des Psalms betrachten.

„Die Himmel verkünden die Hoheit Gottes, und vom Werk seiner Hände erzählt das Firmament." Was der erste Sänger des Psalms – wenn es nicht eine Sängerin war – schon so gewaltig erlebte, hat sich in der Neuzeit noch unendlich größer gezeigt: Das hoch über uns ausgespannte Zelt des Firmaments haben die Astronomen uns als eine unendliche Weite ohne Grenze erklärt. Dass sich hinter der blauen Lichthülle, die wir an wolkenfreien Tagen über uns sehen, eine Unendlichkeit auftut, dass der Himmel in einer sternklaren Nacht uns Sonnen sehen lässt, deren Licht Tausende von Jahren unterwegs war, bis wir es erblicken, und dahinter geht es noch eine unendliche Zahl von Lichtjahren weiter, das können wir vielleicht verstandesmäßig annehmen, es übersteigt aber bei weitem unser Vorstellungsvermögen. Denn das ist begrenzt. Und ebenso begrenzt ist auch jegliche Vorstellung, die wir uns von Gott machen können.

Deshalb lässt der Psalmist Himmel und Firmament die Hoheit Gottes besingen und vom Werk seiner Hände erzählen: Er könnte es nur in seiner eigenen Begrenztheit und damit Gott nie und nimmer gerecht werden. Was er am Firmament erlebt, Tag und Nacht und der anscheinende Lauf der Sonne, spricht von Gott und gibt sein Wissen von Gott in den stetigen Ablauf der Zeit weiter, Tag für Tag, Nacht für Nacht, ohne Ende. Und ohne Worte, denn Worte können nicht erfassen, was

Gott ist, der das Weltall umspannt und es aus dem Nichts der Unendlichkeit hat werden lassen.

Aber was wir nicht erfassen können, kann doch uns erfassen. So, wie die Glut unserer Sonne uns Wärme gibt, mal mehr, mal weniger, aber immer so viel, dass wir leben können, so umfängt uns auch Gott, den wir mal mehr, meist weniger spüren, ohne den wir aber nicht wären.

Dass Gott uns umfängt, erfahren wir von ihm selber: aus seinem Wort der Tora. Das ist die Selbstmitteilung Gottes, dessen, den die Himmel und das Firmament besingen, an uns. Tora nur als Gesetz, oder besser: Weisung, zu übersetzen, ist zu wenig. Sie enthält wohl wesentlich die Weisung als Rezeptur zum guten Leben in Freiheit, sie ist aber mehr. Sie ist die Geschichte des Glaubens und Vertrauens, sie ist die Geschichte der Freiheit, die sie nicht nur erzählt, sondern in die sie die, die sie mit ganzem Herzen, also mit Verstand und Seele, hören oder lesen, mit hineinzieht. Wenn sie die Befreiung Israels aus der Sklaverei erzählt, dann nicht nur, um mitzuteilen, was einmal war, sondern um die Hörer selber in diese Geschichte mit hinein zu nehmen und in die Freiheit zu führen. Wenn sie von der Erschaffung der Welt erzählt, dann nicht, um zu erklären, wie alles einmal geworden ist, sondern um den Hörer mitten hinein zu stellen in Gottes Welt. Wenn sie von der Sintflut und vom Turm zu Babel erzählt, dann nicht, um alte Schauergeschichten aufzuwärmen, sondern um die Hörer zu warnen und auf einen neuen Weg mit Gott zu rufen. Wenn sie von Abraham und Sara erzählt, dann nicht nur, um zeigen, wie Gottes Geschichte mit seinem Volk anfing, sondern um die Hörer mit dem Segen Abrahams zu segnen.

Die Tora bringt das Leben zurück, singt der Psalm. Mit „Leben" habe ich das hebräische *näfäsch* übersetzt. Meistens wird es mit Seele wiedergegeben. Das ist aber zu wenig für uns, denen man beigebracht hat, zwischen Leib und Seele zu unterscheiden. *näfäsch* ist der lebendige Mensch mit Herz, Seele und Verstand, ist unser wahres Selbstsein, auch über den Tod hinaus, so weit, dass im späteren Hebräisch auch ein Grabmal *näfäsch* genannt werden kann, weil es an den einst lebendigen Menschen erinnert, den man nun in Gott geborgen weiß.

Dieses umfassende Leben ist von der Schöpfung her in jeder und jedem von uns angelegt. Aber die Anlage reicht nicht, wenn sie nicht auch gelebt wird. Und dieses Leben wird aus der Tora geschöpft.

Das heißt nicht, dass nur, wer Tora lernt, wirklich lebt. So unbegrenzt wie Gottes Schöpfung sind auch seine Möglichkeiten, sich mitzuteilen. Das Judentum kennt außer der schriftlich fixierten Tora auch die Tradition einer mündlichen Tora, der Selbstmitteilung Gottes über Erfahrung, Erkenntnis und Verstand. Sie ist ein unerschöpflicher Schatz und nicht an eine bestimmte Kultur oder Religion und auch nicht an Sprache an sich gebunden: „Tag lässt dem Tag Rede strömen, und Nacht tut der Nacht Wissen kund - ohne Rede und ohne Worte, ohne dass ihre Stimme gehört wird." Aus dieser Tora lebt auch, wer Gott leugnet und doch gut mit seinen Nächsten lebt.

Wer aber dazu Tora lernt, hat einen sichereren Weg. Denn er erfährt Gott mit sich auf dem Weg. Sein Zeugnis ist verlässlich. Zeugnis ist das, was wir in der schriftlichen Tora haben, wie ich sie eben skizziert habe, und mit all ihren Lebensregeln und Geboten. Sie zu lernen macht weise: Das ist das Gegenteil von einseitiger Verbohrtheit und Enge, sondern die Fähigkeit, mit den Dingen des täglichen Lebens umzugehen, und die Offenheit auch für andere und anderes, ohne von ihnen abhängig zu werden.

Die Festlegungen des Ewigen sind gerade, sagt der Psalm weiter: Die Grundregeln seiner Weisungen, die Gottesliebe, die sich in der Nächstenliebe verwirklicht, erfreuen das Herz, das im hebräischen Denken auch den Verstand beherbergt; und das Gebot des Ewigen, das ist die Gesamtheit aller Gebote, erleuchtet die Augen. Wessen Herz und wessen Augen da gemeint sind, lässt der Text offen. Von den zwei Möglichkeiten, dessen, der nach den Regeln handelt, oder dessen, der nach ihnen behandelt wird, dürfen wir getrost beide wählen: Es geht um das gedeihliche Zusammenleben aller.

Die Furcht des Ewigen, das heißt: ihn zu fürchten, meint nicht nur die Ehrfurcht. Seine Regeln zu übertreten hat auch böse Folgen, vielleicht zunächst nur für andere, in der Konsequenz aber auch für die, die sie übertreten. Denn eine Gesellschaft ohne Nächstenliebe, die die Schwachen im Stich lässt, wird über kurz oder lang auch für die Starken ungemütlich. Gottes Wille weist uns nicht gegeneinander, sondern zueinander und damit zu Gott selber. Und das geht nur in der Reinheit des Herzens. Und es verbindet mit dem Ewigen.

Als letzte in der Aufzählungen, was uns in der Tora gegeben ist, folgen die Rechtssprüche. Das sind die einzelnen Gebote und Verbote, solche für den Kult und solche für das profane Leben, die sich, 613 an der Zahl, in der Tora finden. Wahrheit wird ihnen hier bescheinigt und Gerechtigkeit, Grundeigenschaften Gottes selber. Und als kostbar und süß werden sie gerühmt.

Wir lernen nicht alle diese einzelnen Gebote; wir beschränken uns auf die Grundlinie der zehn Gebote und ihrer Zusammenfassung in Gottes- und Nächstenliebe. Aber wenn wir die nicht nur lernten, sondern auch täten, wären wir vor Gott doch solche, die das gesamte Gebot einhalten.

Der Psalmist geht auch nicht davon aus, dass er alles einhält. Es gibt Verfehlungen, die man nicht erkennt, die einem selbst verborgen bleiben. Für die, aber nur für die muss er um Vergebung, um Freisprechung bitten. Alles, was er klar als richtig erkennt, ist seine Sache, es zu tun. Gott ist nicht der, der gnädig zudeckt, was wir falsch machen, sondern der, der uns zeigt, wie man es richtig macht.

Das liegt aber nicht an uns alleine. Das Ziel der Tora für uns ist das gute Zusammenleben mit allen anderen Menschen und der Natur und damit auch mit Gott. Die, die nichts dafür tun, sondern das Gegenteil, werden hier „die Frechen" genannt, die, die sich an die gegebenen Übereinkünfte der Nächstenliebe und der Fürsorge für die Schwachen nicht halten. Sie sollen nicht über ihn herrschen! Sie sollen auch nicht über uns herrschen. Daran ist alle Politik zu messen.

Der Hinweis auf die Frechen, die da herrschen könnten, bewahrt diesen Psalm vor dem Missverständnis, es ginge in seinem zweiten Teil nur um das eigene Tun und Lassen einer vereinzelten Person. Um das geht es auch, aber immer im Konzert mit allen anderen. Das Bild des Kosmos, das im ersten Teil skizziert wird, erweist sich als Bild für den gesellschaftlichen Kosmos, in dem die Menschen zusammenleben sollen: Ein fest gefügtes, verlässliches Regelwerk nach dem Willen Gottes, ausgerichtet auf den Ruhm Gottes, der in der Liebe und Fürsorge für den Nächsten seinen Ausdruck findet.

Ein solches Regelwerk hat auch die Politik in unserem Land einmal versucht aufzubauen, in einem Teil nach einem sozialistischen Modell, im anderen geprägt auch von der katholischen Soziallehre; das sozialistische Modell ist vor 14 Jahren an sein Ende gelangt, das andere scheint jetzt zu Ende zu gehen. Und es muss ein neues geschaffen werden, das nicht den Frechen, die sich auf Kosten der Schwachen schamlos bereichern, freie Hand lässt.

Aber so, wie sich unser Weltbild von Himmel und Weltenraum erweitert hat, so auch das vom gesellschaftlichen Kosmos: Er ist nicht mehr nationalstaatlich beschränkt, sondern erstreckt sich über 5 bewohnte und einen unbewohnten Kontinent; die Verantwortung für Gerechtigkeit und damit auch für den Frieden ist weltweit: „Über die ganze Erde geht ihre Messschnur aus und bis zum Ende des Erdkreises ihr Reden." Wir können sie nicht den Frechen überlassen.

Wenn die einmal nicht mehr herrschen, sagt der Psalmsänger oder die Sängerin, „dann bin ich vollkommen und rein von großer Schuld." Es ist tröstlich, dass zur Vollkommenheit nicht die Reinheit von aller, sondern nur von großer Schuld gehört. Auch in der anzustrebenden Mitmenschlichkeit des weltweiten gesellschaftlichen Kosmos bleiben wir wir selbst; und haben doch Anteil an dem, der allein vollkommen ist, dem Ewigen, unserem Fels und Erlöser. Amen

Lied 263, 1 – 4. 6.: Sonne der Gerechtigkeit...

(Gebet:) Herr, Du Ewiger und allein Vollkommener, der Du das Weltall geschaffen und uns die Erde zum Erbe gegeben hast, wir preisen Dich um Deines Wortes willen, das uns befreit aus allen falschen Abhängigkeiten und uns den Weg zueinander und zu Dir weist. Lass uns dieses Wort recht begreifen, dass es uns das Leben zurückbringt, das Du für uns willst, dass es uns weise macht und das eigene und aller Menschen Herzen erfreut, dass aller Augen aufleuchten. Wir bitten um Deine Gerechtigkeit, nach der es keine Armen unter uns geben darf, sondern jede und jeder an den Gaben Deiner Schöpfung so viel teilhaben soll, dass alle Menschen auf Erden in Würde und aus der Fülle leben können. Wir bitten um Deine Hoheit, vor der sich kein Mensch über einen anderen und kein Volk über ein anderes erheben kann. Wir bitten um Dein Königtum, das der Welt so Recht spricht, dass Frieden sein soll, die Waffen zu gutem Werkzeug umgerüstet werden und niemand mehr den Krieg lernt. Wir bitten um Dein Schöpfersein, der Du die Schöpfung gut eingerichtet und sie uns zur Pflege und Bewahrung übergeben hast. Wir bitten um Deine Gnade und Barmherzigkeit, die uns erlaubt, zu Dir zurückzukehren, wenn wir uns von Deiner Weisung abgewandt haben und in Not geraten sind. Wir bitten Dich für unsere Kranken, dass sie Geduld und Hoffnung finden, und für unsere Sterbenden, dass sie Dich als Ziel erfahren. Wir bitten Dich für die, die Lebensfreude Hoffnung verloren haben, dass sie aus Dir neue Kraft schöpfen. Wir bitten Dich für die Trauernden, dass sie getröstet werden. Wir bitten Dich für die Liebenden, die Starken und die Fröhlichen, dass sie ihre guten Gaben einsetzen, anderen Liebe, Kraft und frohen Mut zu geben. Wir bitten Dich für alle Regierenden und Mächtigen, dass sie ihre Ämter und ihre Macht Dir zur Ehre und den Menschen zum Heil einsetzen – und wo nicht, erlöse sie und die sie beherrschen von ihrer Frechheit. Wir bitten Dich für Dein Volk Israel, dass es in Frieden leben und die Welt von ihm Frieden lernen kann. Wir bitten Dich für die Kirchen und Deine Gemeinde, dass sie Dein Lob in Worten und Taten verkündigen, bis dass Du kommst, den Erdkreis zu richten mit Recht und die Völker in Gerechtigkeit. Wir bitten Dich mit Jesu Worten: Unser Vater im Himmel …

Predigt zu Psalm 22 am Karfreitag 1999
im Coliny-Kirchsaal Berlin-Halensee

Lieder vor der Predigt: 91, 1 - 5 Herr, stärke mich, dein Leiden..., 199, 1 - 5 . Gott hat das erste Wort... und 298, 1 – 3. Wenn der Herr einst ...

Weitere Texte: Die 10 Gebote, Ezechiel 36, 26-27., Matthäus 27, 31b – 56. und Frage und Antwort 21 des Heidelberger Katechismus.

Psalm 22 (Zürcher Bibel von 1996)

Für den Chormeister: Nach der Weise „Hindin der Morgenröte". Ein Psalm Davids.
Mein Gott, mein Gott, warum hast du mich verlassen, bleibst fern meiner Rettung, den Worten meiner Klage?
Mein Gott, ich rufe bei Tag, doch du antwortest nicht, bei Nacht, doch ich finde keine Ruhe.
Du aber, Heiliger, thronst auf den Lobgesängen Israels.
Auf dich vertrauten unsre Väter; sie vertrauten, und du hast sie befreit.
Zu dir schrien sie, und sie wurden gerettet; auf dich vertrauten sie, und sie wurden nicht zuschanden.
Ich aber bin ein Wurm und kein Mensch, der Leute Spott und verachtet vom Volk.
Alle, die mich sehen, verspotten mich, verziehen den Mund und schütteln den Kopf:
«Wälze es auf den Herrn. Der rette ihn, er befreie ihn, er hat ja Gefallen an ihm.»
Du bist es, der mich aus dem Mutterschoß zog, der mich sicher barg an der Brust meiner Mutter.
Auf dich bin ich geworfen vom Mutterleib an, von meiner Mutter Schoß an bist du mein Gott.
Sei nicht fern von mir, denn Not ist nahe; keiner ist da, der hilft.
Zahlreiche Stiere sind um mich, Baschanbüffel umringen mich.
Sie sperren ihr Maul auf gegen mich, ein reißender, brüllender Löwe.
Wie Wasser bin ich hingeschüttet, und es fallen auseinander meine Gebeine.
Wie Wachs ist mein Herz, zerflossen in meiner Brust.

Trocken wie eine Scherbe ist meine Kehle, und meine Zunge klebt mir am Gaumen; in den Staub des Todes legst du mich.
Um mich sind Hunde, eine Rotte von Übeltätern umzingelt mich, sie binden mir Hände und Füße.
Zählen kann ich all meine Knochen. Sie aber schauen zu, weiden sich an mir.
Sie teilen meine Kleider unter sich und werfen das Los um mein Gewand.
Du aber , Herr, sei nicht fern, meine Stärke, eile, mir zu Hilfe.
Errette vor dem Schwert mein Leben, aus der Gewalt der Hunde meine verlassene Seele.
Hilf mir vor dem Rachen des Löwen, vor den Hörnern der Wildstiere.
Du hast mich erhört.
Ich will deinen Namen meinen Brüdern verkünden, in der Gemeinde will ich dich loben.
«Die ihr den Herrn fürchtet, lobt ihn, alle Nachkommen Jakobs, ehret ihn, erschauert vor ihm, alle Nachkommen Israels!
Denn er hat nicht verachtet noch verabscheut des Elenden Elend, hat sein Angesicht nicht vor ihm verborgen, und da er schrie, erhörte er ihn.»
Von dir geht aus mein Lobgesang in großer Gemeinde, meine Gelübde erfülle ich vor denen, die ihn fürchten.
Die Elenden essen und werden satt, es loben den Herrn, die ihn suchen. Aufleben soll euer Herz für immer!
Alle Enden der Erde werden dessen gedenken und umkehren zum Herrn, und vor ihm werden sich niederwerfen alle Geschlechter der Volker.
Denn des Herrn ist das Reich, und er herrscht über die Völker.
Vor ihm werfen sich nieder alle Mächtigen der Erde, vor ihm beugen sich alle, die in den Staub sinken.
Erzählen wird man vom Herrn dem Geschlecht,
das noch kommt, und verkünden seine Gerechtigkeit dem Volk, das noch nicht geboren ist.
Er hat es vollbracht.

Liebe Gemeinde,

die Parallelen sind wohl auffällig: „Mein Gott, mein Gott, warum hast du mich verlassen?" - so ruft der Sänger dieses Psalms, und so ruft Jesus am Kreuz.

Und auch der Spott, der ihn trifft, ist der Spott, dem der Psalmist ausgesetzt ist: „Er hat Gott vertraut, der soll ihn retten, wenn er will" - „Wälze es auf den Herrn. Der rette ihn, er befreie ihn, er hat ja Gefallen an ihm."

Und schließlich werden hier wie dort die Kleider des Opfers geteilt und wird um sein Gewand das Los geworfen.

Und nehmen wir noch den Kreuzigungsbericht des Johannes dazu, dann erfahren wir, dass auch das letzte Wort des Psalms - das letzte der Worte Jesu am Kreuz ist: „Er hat es vollbracht" - „Es ist vollbracht."

Ist dieser Psalm eine prophetische Vorausschau auf das, was dann Jahrhunderte nach seiner Entstehung Jesus auf Golgatha widerfahren sollte? Ist er die Schrift, die sich dann getreulich zu erfüllen hatte?

Ja und nein.

Nein, wenn wir diesen Psalm ernst nehmen wollen als den Aufschrei einer oder eines Frommen in Israel, der oder die im Gefühl der totalen Gottverlassenheit von Gott doch nicht lassen kann. Es sind die persönlichen Worte des Menschen, der da „Ich" sagt - und keine Projektionen auf jemanden erst noch Zukünftigen.

Und trotzdem auch: Ja. Denn dieser Psalm drückt aus, was auch auf den am Kreuz von Golgatha aufgehängten Jesus aus Nazareth zutrifft: die letzte tiefste Verzweiflung des geschändeten Menschen.

Aus ihr heraus schreit Jesus die Worte dieses Psalms - und stellt damit seine Gottverlassenheit der Treue Gottes anheim.

Woher aber die Parallelen bis hinein in die Einzelheiten des Kleiderverteilens?

Die frühesten Christen wussten vom Sterben Jesu anscheinend nur wenig, weniger, als dann die Vorläufer unserer Evangelisten für die Gemeinden aufgeschrieben haben.

Paulus etwa, der Mann zwischen der ersten und zweiten Generation der Kirche, weiß die Tatsache der Kreuzigung, des Todes und des Begräbnisses Jesu - aber keinerlei Einzelheiten, auch keine Jesusworte vom Kreuz. Gekreuzigt, gestorben, begraben. Das genügte ihm für seine Theologie und seinen Glauben.

Erst die zweite und dritte Generation von Christen fragte dann weiter nach dem Wie, nach Einzelheiten, nach Anhaltspunkten für die fromme Betrachtung und Nachempfindung.

Und so entstand nach bester jüdischer Tradition ein Midrasch, eine vertiefende und erklärende Beschreibung aufgrund überlieferter, heiliger Texte; hier, in der Schilderung der Kreuzigung, weitgehend aufgrund des 22. Psalms.

Der Psalm bietet sich dafür an wie kaum ein anderes Stück Bibel. Nirgendwo sonst wird die urtiefe menschliche Not so eindrucksvoll und sprachgewaltig zum Ausdruck gebracht - und bleibt zugleich das Vertrauen in Gott so nachhaltig bestehen.

Der, der mit dem 22. Psalm sein Gefühl der Gottverlassenheit herausschreit, hält dennoch an diesem Gott fest, ja, weil er an ihm festhält, ist seine Not der Gottverlassenheit doppelt so groß.

Und das ist die Situation Jesu, der am Kreuz total der menschlichen Bosheit ausgeliefert ist, der Quälerei und dem menschlichen Sterben. Das haben die Evangelisten erkannt, und wir wollen ihnen für ihre Berichte, besser: Midraschim, dankbar sein.

Aber noch mehr als die persönliche Not Jesu und sein zähes Gottvertrauen wird hier deutlich: Nämlich dass er in seinem Leiden all denen ganz nahe kommt, ja, ihnen gleich wird, die sich in ihrer größten Not von Gott in Stich gelassen fühlen. So erfährt der Mensch gerade in der Erfahrung des völligen Ausgeliefertseins an feindliche Mächte die Gemeinschaft mit Jesus; das Leiden in solcher Lage wird zu Gottes eigenem Leiden an der Menschheit.

Was da erfahren wird, sind Schmerz und Dunkelheit, allertiefste Tiefe und bodenlose Verzweiflung, ist die von Menschen gemachte Hölle.

Manch eine oder einer erfährt das in den Depressionen, die viele Menschen befallen. Wir besitzen aber auch reale Beschreibungen solcher Höllen, zum Beispiel in Primo Levis Buch „Se questo è un uomo", auf deutsch: „Ist das ein Mensch?", worin er seine Erfahrungen im Vernichtungslager Auschwitz mitteilt.

Hier ist fortan der an seiner Menschheit leidende Gott zu suchen ! Hier und in den Hungergebieten der Erde, wo Menschen entkräftet am Boden liegenbleiben. Gott ist fortan zu suchen in den Städten und Dörfern im und in den Flüchtlingsströmen aus dem Kosovo und in den bombardierten Orten Jugoslawiens, in zerstörten Kurdensiedlungen und brasilianischen Urwalddörfern, in den Flüchtlingslagern all überall und den Großstadtslums vor allem der armen Weltteile, in Folterzellen vieler Länder und in den Abschiebehaftanstalten und auch manchen sogenannten Pflegeheimen bei uns.

Gott ist zu suchen, wo Menschen am Ende sind, auf den Krankenlagern unheilbar Kranker, denen niemand die Frage beantworten kann: „Wieso gerade ich?", in den tiefsten, ausweglosen Depressionen.

Die Situation solcher Menschen am Ende schildert unser Psalm - und die Reihe der Beispiel ließe sich leicht fortsetzen. Sie kennen sie selber. Dabei arbeitet der Psalm mit wechselnden Bildern, verzichtet aber auf ganz konkrete Situationsangaben: Ist der Psalmist verhaftet? Foltert man ihn? Oder fühlt er sich in seinem eigenen inneren Elend nackt und schutzlos vor den Glücklichen? Ist er krank? Quälen ihn äußere Entbehrungen oder gar nur Ängste aus seiner Einbildung?

All das bleibt im Psalm offen und möglich. Und damit bleibt der Psalm selber offen für jede und jeden, die sich in irgendeiner Weise hilflos ausgeliefert und von Gott verlassen fühlen, für jeden Menschen, der in das „Mein Gott, mein Gott, warum hast Du mich verlassen?" einstimmen muss. Er darf und soll mit dem Psalm seine eigene Verzweiflung herausschreien.

Und die Evangelisten, die diesen Psalm Jesus in den Mund gelegt haben, bezeugen: Er schreit mit ihnen.

Das ist die eine Botschaft des Karfreitag: Im allertiefsten Elend der Gottverlassenheit und Verzweiflung ist Gott bei den Menschen.

Und die andere: Der, der das alles mit uns teilt, ist auch der, und zwar der einzige, der da herausführen kann.

Der ursprüngliche Psalmsänger weiß das noch nicht aus eigener Erfahrung, aber er weiß es von seinen Vorfahren. Sie wurden aus der Sklaverei in Ägypten, die ihnen ihre Zukunft und ihr Menschsein raubte, befreit.

Und er weiß es aus sich selber: Allein schon seine Existenz, sein Geborensein, bezeugt ihm Gottes persönliche Liebe und Bemühung um ihn: „Du bist es, ... der mich sicher barg an der Brust meiner Mutter".

Auf diesen Gott weiß er sich angewiesen, „geworfen", wie er sagt, und er schreit, weil der ihm heute fehlt. Er schreit auch, weil andere dieses Vertrauen, aus dem er noch im tiefsten Elend seine Hoffnung bezieht, verhöhnen. Denn es ist offensichtlich, dass sein Gottvertrauen nutzlos ist.

Trotzdem hält er daran fest. Denn jetzt hat er nichts anderes mehr, als den, der da thront auf den Lobgesängen Israels. Wo alle Welt mit Macht, Drohung, Gehetze, Entblößung, Fesselung und Raub auf ihn eindringt, ist da doch der eine, der andere, der befreit und Liebe erleben lässt.

Auch wenn das im Moment nur Erinnerung ist, so muss ihm doch das Morgen gehören. Gott hat andere Zeitdimensionen als wir.

Das alles erfährt der Psalmist aus der Erfahrung des Gottesvolkes, die stärker ist als alles gegenwärtige Elend, die - nicht für den Einzelnen, der es erleidet, aber doch für das Ganze - auch stärker ist als Auschwitz und der böse Wille, der dahintersteckt.

Und in diese Erfahrung kann er dann auch seine eigene zukünftige Rettung einbeziehen.

Christen erfahren das anders als Juden. Für sie ist dieses übergroße Leiden, in dem der Psalmist und möglicherweise auch sie selber stecken, das Leiden, in dem Jesus - verherrlicht! wird.

Dieser biblische Begriff der „Verherrlichung" für Jesu Leiden klingt für uns fremd, wenn nicht gar wie Ironie, so doch wie eine dogmatische Formel aus längst vergangener Zeit. Das ist wohl auch so.

Denn für uns heißt „Verherrlichung" doch eher die Erhöhung auf ein Ehrenpodest, die den Verherrlichten über andere erhebt.

Bei Gott aber geht der Weg der Verherrlichung in die genau umgekehrte Richtung: Er verlässt sein fernes, himmlisches Podest und kommt in die tiefste Erniedrigung des leidenden Jesus, der aus seiner Verzweiflung heraus nur noch die Worte des 22. Psalms beten kann. Hier kommt Gott in die von Menschen gemachte Hölle. Hier teilt Gott das Schicksal der Gequälten und Verzweifelten bis ins Letzte. Und hebt es damit auf. Die „Verherrlichung" Jesu am Kreuz ist der Beginn der Verherrlichung der Menschen.

Dem Psalmisten steht dafür nicht das christliche Vokabular zur Verfügung. Er sagt weder „Verherrlichung" noch „Erlösung", sondern spricht von „Erhörung". Ganz knapp - im Hebräischen ist es nur ein Wort - wird der Versfluß des Psalms unterbrochen: **anitani:** Du hast mich erhört. Es steht so knapp und fremd da, dass viele christliche Bibelübersetzungen es weggelassen haben. Aber gerade in diesem knappen Wort, in diesem Ausruf gegen das Versmaß des Leidenspsalms, steckt die ganze Erfahrung von Erlösung, die wir Christen uns angewöhnt haben, in langen dogmatischen Sätzen zu formulieren - und damit oft zu verbergen.

In diesem einen Wort steckt das Überwältigtsein von Gottes Liebe, die uns am Kreuz sichtbar wird und die in die Auferstehung führt.

In eine Auferstehung aber nicht erst oder gar nur der Verstorbenen in eine himmlische Herrlichkeit, sondern ebenso in die Auferstehung derer, die schon in dieser Welt die Entmachtung des Todes erfahren.

Der Psalmist, sicher ein solch Auferstandener, kann nicht anders, als davon zu singen. Er singt davon in der Gemeinde, die für ihn eine Gemeinde der Elenden, der Armen ist: derer nämlich, die nicht auf eigene Macht, Besitz oder Sicherheiten bauen, sondern auf Gott allein. Es sind die Armen, die Jesus seligpreist - während er die Möglichkeit, dass auch Reiche diese Liebe Gottes erfahren, in Zweifel zieht.

Es bleibt hier aber nicht bei der Erfahrung „Die Elenden sollen essen und satt werden", hinter der wohl die Tradition eines Festessens im Jerusalemer Tempelbereich steht. Sondern die Auferstehung der Armen in ein Leben vor dem Tod hat noch weitere Folgen: Sie weist sich aus im Tun des Willens Gottes, in der gelebten, beantworteten Wahrnehmung der Liebe Gottes, hier und heute, und zeitlich wie örtlich weit darüber hinaus: „Erzählen wird man vom Herrn dem Geschlecht, das noch kommt, und verkünden seine Gerechtigkeit dem Volk, das noch nicht geboren ist" Und vor ihm beugen werden sich nicht nur die Mächtigen der Erde, sondern auch „alle, die in den Staub sinken". Die christliche Dogmatik spricht da von dem Hinabstieg Christi in das Reich des Todes. „Alle Enden der Erde werden dessen gedenken und umkehren zu dem Herrn, und vor ihm werden sich niederwerfen alle Geschlechter der Völker".

Wir wissen, das es bis dahin noch ein weiter Weg ist. Noch tun die Mächtigen das Gegenteil und haben die Ohnmächtigen mehr Grund zum Schrei „Mein Gott, mein Gott, warum hast du mich verlassen und bist fern meiner Rettung ?"

Aber für unsere Erdenzeit bedeuten Erhöhung und Auferstehung ja nicht, plötzlich von hier weg in den Himmel versetzt, sondern hier auf den Weg gebracht zu werden, auf den Weg der Liebe zu den Menschen. Das ist der Weg Gottes auf Erden. Und auf diesem Weg kommt es nicht auf den persönlichen Erfolg der Liebe an, dass wir gelobt werden, sondern auf das Lob Gottes. Das genügt. Das ist auch unser Lob, das einzige, dem nachzujagen sich lohnt. Amen

Lied 275, 1 - 4 „In dich habe ich gehoffet, Herr"

(Gebet:) Herr, Hilfe, Heil und Leben bist Du - und doch widerstreben wir Dir in so vielen Dingen, suchen andere Sicherheiten als Dich und unser eigenes Lob statt des Deinen. Herr, vergib unseren Kleinglauben und unsere Mutlosigkeit, unsere Ratlosigkeit angesichts all dessen, was gegen Deinen Willen geschieht.

Wir bitten Dich für die Menschen, die heute in Jugoslawien verfolgt, vertrieben und bombardiert werden, für die unzähligen Flüchtlinge, die auf Aufnahme hoffen; lass unser Land lieber daran als an der Zerstörung beteiligt sein, lass uns wieder lernen, dass nach allem, was geschehen ist, von unserem Land kein Krieg ausgehen darf. Beflügele die Phantasie der Verantwortlichen zum Frieden und zur Gerechtigkeit.

Wir bitten Dich für alle, denen Du im Leiden abhandenkommst, für die, die unter Depressionen leiden, für die Kranken, die Einsamen, für die, denen ihr Leben nutzlos vorkommt. Erweise Dich als der, der erhört.

Wir bitten Dich für Deine Kirche und Deine Gemeinde, dass wir Dein Wort recht verstehen und weitergeben, in dem, was wir sagen, und in dem, was wir tun. Wir bitten Dich um Vergebung für alle Versäumnisse, damit wir nun an Deinen Tisch und in Deine Mahlgemeinschaft treten können.

Wir bitten Dich mit den Worten, die Jesus uns gelehrt hat: Unser Vater im Himmel...

Predigt zu Psalm 23 am Refugefeset, 30. Oktober 2005, in der Französischen Friedrichstadtkirche zu Berlin

Der Gottesdienst wurde zweisprachig, deutsch und französisch, gehalten.

Lieder im Gottesdienst vor der Predigt: 317, Lobe den Herren, den mächtigen König..., Psalm 119 und Psalm 25.

Weitere Texte: 1. Timotheus 6, 15. 16., die Zehn Gebote der Weisung und die Summe, Johannes 10, 11 – 16. und Frage und Antwort 1 des Heidelberger Katechismus.

Psalm 23
Ein Psalm für David
JHWH ist mein Hirte.
Ich leide nicht Mangel.
Auf Grasplätzen lässt er mich lagern.
Zu ruhigen Wassern führt er mich.
Meine Lebenskraft bringt er wieder.
Er leitet mich auf Wege des Rechten um seines Namens willen.
Auch wenn ich im Tal der Finsternis gehe, fürchte ich nicht Böses, denn Du bist mit mir.
Dein Hirtenstab und dein Stock, die trösten mich.
Du deckst vor meinen Augen den Tisch, meinen Feinden gegenüber.
Du salbst mit Öl mein Haupt.
Mein Becher ist randvoll.
Nur Gutes und Liebe sind hinter mir her alle Tage meines Lebens,
und ich kehre wieder ins Haus JHWHs für die Dauer der Tage.

Liebe Gemeinde,
„Der Herr ist mein Hirte" – dieser Psalm gehört zu den Stücken Bibel, die man früher auswendig lernte, und zu den wenigen, die ich auch mit meinen Konfirmanden immer auswendig gelernt habe. Er ist ein Text, der uns in vielen, ganz unterschiedlichen Situationen hilfreich begleiten kann.

Dieser Psalm ist ein Lied des Vertrauens. Dem, den ich meinen Hirten nenne, traue ich es zu, dass er mich Wege führt, wo ich nichts entbehren muss, Wege, die ans gute Ziel führen, auch wenn ich selber keinerlei Überblick mehr habe, wo es denn lang geht. Wege, auf denen ich Finsternisse durchschreiten kann, weil ich weiß: Unter diesem Hirten kann ich nicht verloren gehen.

Dieses Vertrauenslied ist zugleich ein Bekenntnis, ein Bekenntnis zu dem, dem ich in Gemeinschaft mit anderen angehöre: Dem Herrn als unserem Hirten. Und wie jedes Bekenntnis ist auch dieses zugleich eine Trotzformel: Der Herr ist mein Hirte – allen anderen zum Trotz, die sich über uns als Hirten und Herren aufspielen, die uns andere Wege als sicher und zielführend empfehlen, die uns nach ihrer Pfeife tanzen lassen wollen. Ein Trotzwort auch gegen die Feinde, von denen da die Rede ist, die endlich zuschauen müssen, wie uns der Tisch gedeckt wird, und die selber leer ausgehen.

Vertrauen und Trotz entsprechen der Situation, in der der Psalm ursprünglich zuhause ist. Er ist in seiner zweiten Hälfte ein Asylpsalm, ein Psalm für Menschen, die sich vor falschen Anklagen und Verfolgung in den Tempel zu Jerusalem gerettet haben; dort finden sie Sicherheit vor ihren Anklägern und Verfolgern, sie finden eine Zuflucht, ein Refuge, wo sie Recht bekommen.

Ein Refugepsalm also, und das lässt uns an das Ereignis denken, zu dessen Erinnerung wir uns heute gottesdienstlich versammelt haben: Die Öffnung der Grenzen Brandenburgs für die in Frankreich bedrängten und verfolgten Evangelischen, Hugenotten genannt, ausgesprochen mit dem Edikt von Potsdam am 29. Oktober 1685.

Hinter diesem Edikt stehen verschiedene Motive, nicht nur die Solidarität mit den verfolgten Hugenotten, sondern ebenso innen- und wirtschaftspolitische Absichten. Das ändert aber nichts daran, dass damals für die Bedrängten und Verfolgten Berlin und die Mark zu etwas wie dem Jerusalemer Tempel wurden, zu einem Refuge, wo man das Wort des Herrn hören und ihn ungehindert anbeten kann, zu einem sicheren Ort vor denen, die sie zwingen wollten, auf andere Worte zu hören und statt des Herren selber eine menschliche Institution anzubeten. „Der Herr ist mein Hirte" wurde hier zu einer rettenden Erfahrung.

Aber wie war es mit dem zweiten Satz „Ich leide nicht Mangel."? Trotz Steuerfreiheit und Investitionshilfen mangelte es den Refugiés an vielem: An ihren Häusern und Liegenschaften, die sie aufgegeben hatten, an den Landschaften und der Sonne des Südens – vor allem aber an Menschen, die sie hatten zurücklassen müssen, Familienangehörige, in manchen Fällen die eigenen unmündigen Kinder, die dann in römisch-katholische Waisenhäuser kamen, Freunde und Nachbarn, die nicht fliehen konnten oder wollten, die entweder den Zwiespalt auf sich nahmen, sich äußerlich römisch-katholisch zu gebärden, während sie innerlich dagegen rebellierten, oder die in einen jahrzehntelangen Untergrundkrieg gingen – beides wesentliche Elemente, aus denen ein Jahrhundert später die französische Revolution ihre Kraft bezog. Insbesondere aber fehlten ihnen die, die auf der Flucht aufgegriffen oder als verbliebene Prediger enttarnt, auf Scheiterhaufen verbrannt oder auf Galeeren verbracht wurden, auf denen sie bis ans Lebensende im Dreck und unter Schlägen als lebendige Schiffsmotoren dahinvegetierten; ihre Zahl wird auf 3.000 geschätzt. Dagegen mutet die 38jährige Gefangenschaft der Marie Durand in der Tour de Constance in Aigues Mortes, von der so oft erzählt wird, fast romantisch an.

Das Wissen, wen sie hatten zurücklassen müssen und was mit ihnen geschah, brachten die Refugiés mit. Wir können uns diese innere Belastung kaum schwer genug vorstellen. Wo man heute an hugenottische Geschichte anknüpft, wird das in der Regel übersehen. Galt auch für jene Zurückgebliebenen das Psalmwort „Der Herr ist mein Hirte"?

„Auch wenn ich durchs Tal der Finsternis gehe...", die „Todesschattenschlucht" übersetzt Martin Buber hier, „fürchte ich nicht Böses, denn Du bist mit mir."

Wer Refuge gefunden hat im Tempel Gottes, kann dort überleben. Aber die bis dorthin gelangen, sind oft nur eine Minderheit. So war es für die Hugenotten Ende des 17., Anfang des 18. Jahrhunderts, noch viel krasser ist es bis heute weltweit, wo Menschen fliehen müssen vor Gewalt, Unterdrückung und Hunger: Nur eine Minderheit kommt an, die Mehrheit bleibt zurück oder kommt um in den Todesschattenschluchten.

Dazu möchte ich jetzt einen problematischen Satz in den Raumstellen: „Wer aber von dem Herrn weiß, der der Hirte ist, weiß sich auch dort nicht verlassen." Diese Aussage traf nach allem, was wir wissen, auf Marie Durand und ihre Mitgefangenen in Aigues Mortes zu; es gibt sogar ähnliche Bezeugungen über Galeerenhäftlinge, wenige nur, aber immerhin. Dabei handelte es sich um Menschen, denen ihr Martyrium eine Bestätigung dafür war, dass sie um Christi willen und mit ihm leiden; sie erfuhren darin Gemeinschaft mit dem Hirten, der mit ihnen sogar das Gefühl der Gottverlassenheit geteilt hat, der für sie sein Leben gelassen hat und sie auch durch den Tod hindurch begleiten wird.

Dennoch ist der Satz problematisch, denn viele andere werden in der Gefangenschaft, vor dem Scheiterhaufen, auf der Galeere oder was man ihnen sonst bereitete, nur noch und ganz allein ihre Gottverlassenheit erfahren haben. Der Glaube ist kein unzerstörbares Gut; und dann ist da kein Trost. Da ist das Böse nicht nur zu fürchten, da findet es sein Opfer. Ich denke nicht, dass der Katechismussatz, dass alles, auch das Schreckliche, das Gott mir schickt, mir zur Seligkeit dienen muss, dass dieser Satz dann noch hindurch hilft.

Aber auch wo wir es in der Finsternis nicht sehen, wo das Böse so fürchterlich auf uns eindringt, dass wir nichts mehr davon erkennen, bleibt das gewiss: dass Gott uns zu seinem guten Ziel bringt. Dazu braucht es nicht unseren Glauben daran, sondern allein Gottes Willen.

Der Vorteil des Glaubens ist, dass wir bewusst darauf zugehen können, auch durch Täler der Finsternis hindurch, auch im Konfrontationskurs mit dem Bösen. Auch durchs Scheitern, wenn es gar nicht anders geht.

Doch vor dem will Gott uns auch behüten. Er will auch Zeugen haben, dass er nicht nur fern und jenseitig ist. Und vielleicht nimmt er auch uns dazu in die Pflicht wie einst die Vorfahren, wenn auch in anderer Weise. Jene verließen Heimat und Menschen um seinetwillen, um seines Namens willen, den sie damit als den bezeugten, der wichtiger ist als alles, was sie hinter sich ließen. Das steht für uns zur Zeit nicht an. Uns führt der Weg des Rechten, des Richtigen, mit dem wir seinen Namen bezeugen, zumeist nicht in die Fremde, sondern fordert uns hier und heute heraus.

„Dein Hirtenstab und dein Stock, die trösten mich." Das eine ist die Waffe, mit der ein Hirte den Angriff wilder Tiere oder böser Menschen auf die Herde abwehrt, vom „Stab seines Mundes" spricht auch der Prophet Jesaja (11, 4.), mit dem Gott die Tyrannen schlagen wird. Das andere ist das Instrument, mit dem er die Tiere der Herde, die zurückbleiben, nachholt, und die wieder auf den Weg bringt, die davon abkommen, weil sie eigenen Wege suchen.

So, wie auch wir es immer wieder tun, weil unsere täglichen Erfahrungen den Weg Gottes verdunkeln oder weil uns links und rechts davon etwas lohnender oder leichter erscheint – bis wir es ausgekostet und als leer erfahren haben, oder feststellen, dass wir vereinsamt sind, spätestens dann, wenn wir daran gestorben sein werden.

Gott holt uns immer wieder zurück durch sein Wort. Das kann oft ein hartes Wort sein, eins nämlich, dass uns die Illusionen über uns selber zerstört, das unsere eigen Wege als Sackgassen und die Werte, denen wir huldigen, als leer entlarvt. So zerstört es unsere falsche Selbstsicherheit, um uns zurückzuholen in die Sicherheit, die nur Gott gewährt: Seine Gemeinschaft, sei es diesseits oder jenseits der Todesschattenschlucht.

Diese Gemeinschaft wird hier im Bild vom gedeckten Tisch ausgedrückt, eine Ehrenmahlzeit mit Salbung, wo uns der Becher randvoll eingeschenkt wird. Und die, die uns bedrängt haben und versucht haben, uns von Gottes Weg wegzulocken, die Wegelagerer in der Finsternis, die, die die Herde Gottes versklaven wollten, die „Hast du was dann bist du was"-Propheten oder andern ideologischen und religiösen Verführer und schließlich der Tod selber, die sollen beschämt zuschauen.

Aber vergessen wir bei allem das eine nicht: den Rahmen, in den der Psalm uns stellt und in dem er uns diese Zusagen macht: Es ist das Bild von Hirten und Herde. Die Beziehung des Einzelnen zum Hirten ist immer eingebunden in die Beziehung des Hirten zur gesamten Herde, in den Bund mit dem ganzen Gottesvolk. Der Tisch, den Gott uns deckt, ist kein Zweiertisch im Séparée, sondern die große Tafel im Festsaal, an der zuerst Israel, dann aber seine ganze Schöpfung Platz findet. Wir sind dazu geladen von dem, der sagte: „Ich habe noch andere Schafe, nicht aus diesem Stall, auch sie muss ich führen, damit es eine Herde und ein Hirt wird."

Wo wir heute für das Mahl einen zu kleinen Tisch und gar noch im Séparée bereiten wollen, schließen wir Gottes Tischgenossen von unserem Tisch aus, damit aber in Wirklichkeit uns selber von dem Tisch, den Gott deckt. Der steht im Tempel Gottes, der eine Zuflucht für alle ist, die in Not und Bedrängnis sind. Unsere Vorfahren haben diesen Tempel einst in Berlin und Brandenburg gefunden, und dafür dürfen wir bis heute dankbar sein.

Diese Dankbarkeit kann sich aber nur darin lebendig erweisen, dass wir dafür sorgen, dass unsere Stadt und unser Land weiterhin oder wieder in diesem Sinn Tempel Gottes bleiben oder werden; dass die Grenzen, die damals den Hugenotten geöffnet wurden, keinem Verfolgten oder Notleidenden verschlossen bleiben, auch, wenn sie heute nicht mehr an Elbe, Oder und Neiße sondern an Bug, Pruth und Evros, quer durchs Mittelmeer oder um spanische Exklaven in Nordafrika verlaufen. Manche Gegenden Brandenburgs, so heißt es, haben in den letzten 15 Jahren einen Bevölkerungsverlust erlitten, wie zuletzt im 30jährigen Krieg. Auch deswegen wurden seinerzeit die Hugenotten hierher eingeladen. Und hielten mehr als ein Jahrhundert an ihrer Sprache fest. Hugenotten brauchen heute keine Zuflucht mehr, aber viele andere.

Lasst uns deshalb dafür eintreten, dass unsere Stadt und unser Land wieder ein Refuge für Gottes bedrängte Herde werden, das keine nationalen, religiösen, rassischen oder sonstigen Grenzen hat, als ein Vorgeschmack auf die ewige Heimat, die Himmel und Erde vereint und keine Todesschattentäler mehr kennt. Amen.

Psalm 84

(Gebet nach der Predigt; französische Teile hier übersetzt:) Herr, gepriesen seist Du, dass Du leitest und führst, auch wo wir es nicht wahrhaben; dass Du am heilsamen Ziel für Deine Schöpfung festhältst, an Deinem kommenden Reich, auch wo wir es längst abgeschrieben haben; dass Du Leben schenkst, auch wo wir uns dem Tod verhaftet fühlen.

Wir bitten Dich für alle Menschen und Deine ganze Schöpfung, dass Du uns mit Dir in Einklang bringst, dass Deine Liebe und Treue und Deine Gerechtigkeit über unser Chaos siegen, dass wir den verheißenen neuen Himmel und die neue Erde erfahren.

Wir bitten Dich für alle verzweifelten Menschen, für alle, die mit Krankheit geschlagen sind, für alle, die sich nicht angenommen fühlen können, für alle, denen die Zukunft gestohlen wird, schenke ihnen berechtigte Hoffnung; und wo ein Leben zu Ende geht, da erweise Du Dich als das Ziel.

Wir bitten Dich für alle, die entwurzelt sind, die ihr Vaterland verlassen müssen, die auf der Suche nach neuen Lebensmöglichkeiten sind; lass sie Aufnahme und Zukunft finden, Akzeptanz und eine solide Lebensgrundlage. Und sei mit denen, die solch ein Ziel nicht erreichen; halte auch sie fest in Deiner Liebe und Barmherzigkeit.

Wir bitten Dich um Frieden und Gerechtigkeit, dass die Menschen es lernen, jeder und jede auf das zu sehen, was die anderen benötigen, damit alle das Nötige zu bekommen. Lass uns verstehen, dass es allen nur so gut geht wie den Schwächsten unter uns, und lehre uns, daraus die Konsequenzen zu ziehen.

Wir bitten Dich für unsere Gemeinde. Lass Deine Liebe in ihr wirksam sein und von ihr ausstrahlen. Wir bitten Dich für alle Kirchen, lass sie nicht ihr eigenes, sondern Dein Lob im Auge haben. Wir bitten Dich für alle Menschen guten Willens, lass sie zusammenfinden in ihrem Einsatz für Frieden, Gerechtigkeit und Bewahrung Deiner Schöpfung.

Wir bitten Dich für Dein Volk Israel; lass es den Frieden finden, in dem es Dir recht leben kann, damit von Jerusalem der Frieden ausgeht für die ganze Welt.

Wir sprechen gemeinsam das UnserVater, jeder in seiner eigenen Sprache.

Predigt zu Psalm 24 am 1. Advent 1995
im Coliny-Kirchsaal Berlin Halensee

Lieder vor der Predigt: 10, 1-4. Mit Ernst , o Menschenkinder..., 12, 1-4 (ganz): Gott sei Dank durch alle Welt... und 11, 1-3: Wie soll ich dich empfangen...

Weitere Texte: Matthäus 21, 1-9. und Confession de foi, Artikel 1 und 16:

Predigttext: Der 24. Psalm
(Zürcher Bibel von 1931, gelesen im Wechsel Pfarrer / *Lecteur*)

Ein Psalm Davids.
Des Herrn ist die Erde und was sie erfüllt,
der Erdkreis und die darauf wohnen.
Er ist's, der sie auf Meere gegründet,
auf Strömen sie fest gebaut hat.

„Wer darf hinaufziehen zum Berge des Herrn ?
 wer treten an seine heilige Stätte ?"

„Wer reine Hände hat und ein lauteres Herz;
 wer nicht auf Trug sinnt und nicht falsch schwört.
 Der wird Segen von dem Herrn empfangen
 und Heil vom Gott seiner Hilfe.
 Das ist das Geschlecht, das nach ihm fragt,
 das dein Angesicht sucht, Gott Jakobs."

„Hebt hoch, ihr Tore, eure Häupter,
 erhöht euch, ihr uralten Pforten,
 dass der König der Herrlichkeit einziehe !"

„Wer ist denn der König der Herrlichkeit ?"

„Der Herr, der Starke und Held,
 der Herr, der Herr im Streit !

*Hebt hoch, ihr Tore, eure Häupter,
erhöht euch, ihr uralten Pforten,
dass der König der Herrlichkeit einziehe!"*

„Wer ist denn der König der Herrlichkeit?"

*„Der Herr der Heerscharen,
er ist der König der Herrlichkeit!"*

Liebe Gemeinde,
„wo bleibt denn das Lied »Macht hoch die Tür, die Tor macht weit...« ?" haben sich vielleicht einige von Ihnen schon gefragt, heute, am 1. Advent, zumal wenn wir eben den 24. Psalm gelesen haben, den das Lied aufgreift? Es gehört doch einfach zum Advent dazu!

Ja, das tut es. Und wir werden es auch singen, als Schluss der Predigt und deren Zusammenfassung.

Vorher aber müssen wir heute einen längeren gedanklichen Weg gehen: den Weg, der von diesem zum Teil sehr alten jerusalemischen Psalm in unsere heutige, adventliche Erwartung führt, den Weg von einem Tempelfest aus der Zeit Salomos, etwa im Jahr 900 vor, zum christlichen Advent im Jahr 1995 nach Jesu Geburt.

Warum so weit zurückfragen, um im Heute anzukommen, in dem wir doch - so denken wir - schon sind? Wir müssen so weit, und sogar noch etwas weiter zurückfragen, um im Heute nicht orientierungslos herumzuirren, sondern um zu erkennen, auf welchem Weg wir heute sein und fortschreiten wollen. Dazu soll uns dieser Psalm verhelfen.

Sein vermutlich ältester Teil behandelt ein Identitätsproblem: „Wer ist denn der König der Herrlichkeit?" wird hier zweimal gefragt, und es wird geantwortet: „Der Herr, der Starke und Held, der Herr, der Held im Streit.", und beim zweiten Mal: „Der Herr der Heerscharen, er ist der König der Herrlichkeit!".

„König der Herrlichkeit": Das ist ein sehr alter Titel, älter als das Nachdenken des Volkes Israel über Gott, ja, älter als Israel selbst.

Aus den Abrahamsgeschichten im Buch Genesis wissen wir, dass ein Kult für den „König der Herrlichkeit" damals schon bestand. In seinem Namen segnete nämlich der Priesterkönig Melchisedek den Abraham, und ihm allein zahlte Abraham einen Tribut - oder eine Art Kirchensteuer: den Zehnten.

Dann wäre das alles also in Ordnung? Ja, kämen uns nun nicht die klugen Forscher dazwischen, die sich mit der Geschichte der hebräischen Bibel befassen, und erklärten uns, dass jene Geschichte von Abraham und Melchisedek nichts weiter sei, als eine nachträgliche Deutung und Rechtfertigung dessen, was unser Psalm feststellt: Nämlich die Identifizierung dieses Königs der Herrlichkeit mit dem Gott Israels, dem Herrn der Heerscharen, dem *Adonai zebaoth*.

Diese Identifizierung hatte auch wirklich eine Rechtfertigung nötig, denn eigentlich dürfte so etwas nicht sein: Die Gleichsetzung des Gottes Israels mit einer kanaanäischen Gottheit - einem Baal, hier gar dem Baal aller Baalim. Ein Gräuel, heißt so etwas an anderer Stelle, als Nichtse werden die Baalim von den Propheten lächerlich gemacht. Nur hier scheint es anders zu sein.

Und deshalb müssen wir einen Blick in die Geschichte werfen, in jene Zeit, an die unser Psalm erinnern will.

Mehrere Generationen lang hatten die israelitischen Stämme um die Vorherrschaft im Land gekämpft, mal mit mehr, mal mit weniger Erfolg. Und oft waren sie mit ihrer Bundeslade, in der die Gesetzestafeln Moses' aufbewahrt wurden, in den Kampf gezogen, um sich der Teilnahme Gottes an diesen Kriegen um das Land zu versichern, symbolisierte diese Lade doch den Thron Gottes auf Erden. Und immer wieder erwies sich ihnen dabei, dass Gott tatsächlich mit ihnen war, auf ihrer Seite kämpfte, als Herr nicht nur der himmlischen, sondern auch der realen israelitischen Heerscharen.

Vor diesem Gott mit seinen himmlischen wie irdischen Heerscharen zerstoben die Heere der Baalskönige, immer wieder wurden sie, oft auf wunderbare Weise, geschlagen, vernichtet oder in Tributpflicht gebracht.

Die letzte der großen Baalsfestungen im Lande war Jerusalem gewesen, die Stadt des Baal, der auch als „König der Herrlichkeit" tituliert wurde, als „Herrn, dessen die Erde ist und was sie erfüllt, der Erdkreis und die darauf wohnen, der sie auf Meere gegründet, auf Strömen sie fest gebaut hat."

Lange, länger als alle anderen Baalsfestungen hatte Jerusalem dem israelitischen Ansturm widerstanden, schließlich war sie dann doch gefallen, ihr Baal, der Herr der Herrlichkeit, kläglich gescheitert, als David mit dem Heer Israels, dem Heer des Herrn der Heerscharen, gegen Jerusalem anstürmte.

Aber wie in der Geschichte und bis in unsere Tage zu beobachten ist, haben gescheiterte Gottheiten oft ein besonders zähes Leben. Die Erinnerung verklärt sie, und sie leben fort entweder als permanente Kritik am Neuen, oder aber sie bringen sich selber in das Neue ein, das dann vielleicht nur scheinbar, nur dem Namen nach, an ihre Stelle getreten ist.

Mit der Eroberung Jerusalems erwarb Israel nicht nur die Hauptstadt des Landes Kanaan, sondern auch sein Haupt-Heiligtum. Wohl war der Tempel des Baals, Herr der Herrlichkeit, zerstört - aber die Erinnerung an seine Titel und vor allem an seinen Kult blieb erhalten. Mit Jerusalem erwarb Israel zugleich ein Stück statischer Religiosität, das heißt: eine an ein Heiligtum gebundene, in Riten festgelegte, den bestehenden Herrschaftsverhältnissen verpflichtete Staatsreligion.

Ausgerechnet unter dem frommen König David wurden viele Elemente des alten Baalskultes auf den Gott Israels übertragen, vor allem seine Beinamen wie „Herr der Herrlichkeit" und andere, und wohl auch das ihm zustehende Zeremoniell: machterhaltende, der Verfügbarkeit des Volkes entzogene religiöse Strukturen.

Dabei darf aber keineswegs übersehen werden, dass in diese alten Strukturen inhaltlich etwas ganz Neues einfloss: das eigentlich Israelitische. Dieses eine mal geschah nämlich nicht, was wir sonst in der Geschichte so oft beobachten: dass die Eroberer mit der Macht und Kultur derer, die sie besiegt haben, früher oder später auch deren Religion übernehmen - so, wie zum Beispiel einmal ein christlich-germanisches Abendland entstanden ist. Hier geschah das nicht. Der Gott Israels erwies sich als stärker als die menschenferne Naturgottheit Baal, der hier „Herr der Herrlichkeit" und „Herr der Welt" genannt wird. Die äußeren Strukturen der jerusalemischen Religiosität, die ihn verehrte, blieben zwar zum guten Teil erhalten, aber sie wurden aufgesprengt für neue Inhalte.

Israels Gott, mit dem es das Land erobert hatte, der es vorher durch die Wüste begleitet und mit seinem Wort der Tora beschenkt hatte, der es aus der ägyptischen Sklaverei geführt hatte, mit dem die Vorväter Abraham, Isaak und Jakob diskutiert und gerungen hatten und mit dem

Israel verbündet war, der bleibt nicht außen vor den Toren der nun eroberten Stadt und ihrer Kultur; er, der Herr der Heerscharen, erobert auch diese.

Die Forscher, die sich mit der Geschichte der hebräischen Bibel befassen, bezeichnen unseren Psalm als eine „Torliturgie", einen Wechselgesang zwischen einer Prozession, die zum Tempel kommt, und den Priestern, die am Tempeltor stehen. Und wegen des zweiten Teils des Psalms, der Wechselrede über die Identität des Herrn der Heerscharen mit dem Herrn der Herrlichkeit, meinen viele, der Anlass für diesen Psalm sei die jährliche Erinnerung daran, wie zu Zeiten König Davids die Bundeslade Israels nach Jerusalem eingebracht wurde, daran, dass der in Jerusalem verehrte Gott, dem dann Salomo den ersten Tempel baute, einer ist, der in und mit seinem Volk lebt, und nicht abgehoben und fern über ihm thront wie ein Baal. Aß Israels Gott lieber dem einfachen Volk, den Knechten und Mägden, nahe sein will als von den Vornehmen anerkannt, betonte David ausdrücklich bei der Einbringung der Bundeslade, und tanzte deshalb mit den Knechten und Mägden der Lade voran, sehr zum Ärger seiner königlichen Gemahlin.

Der Gott Israels erhält in Jerusalem seinen Platz, aber er bleibt dennoch der, der mit seinem Volk unterwegs ist. Darauf werden sich dann immer wieder die Propheten berufen, wenn die Mächtigen Gott für sich vereinnahmen und nutzbar machen wollen.

Der Gott Israels tritt an die Stelle, die sich im Scheitern des jerusalemischen Baal als leer erwiesen hat - und die sich nun mit seinem Einzug als für ihn viel zu klein erweist. Die mächtigen, uralten Stadttore Jerusalems, sind auf einmal viel zu eng. Der, der hier kommt sprengt alle Rahmen. Er erweist sich als der Einzige, der zu Recht den Titel „König der Herrlichkeit" trägt - und doch mit keinem Titel, mit keinem menschlichen Gedanken erfassbar ist. Denn sein „ist die Erde und was sie erfüllt, der Erdkreis und die darauf wohnen. Er ist's, der sie auf Meere gegründet, auf Strömen sie fest gebaut hat." - Wie sollten wir den je erfassen können?

Den bekommt kein Kult und keine Theologie in den Griff. Und wenn diese doch meinen, ihn in den Griff bekommen zu haben, dann haben sie es nicht mehr mit ihm - sondern mit dem alten Baal zu tun. Diese Auseinandersetzung bleibt lebendig, solange in Jerusalem ein Tempel steht. Diese Auseinandersetzung bleibt lebendig, solange irgendwo in der Welt versucht wird, den Gott Israels in Kirchen, Riten, Theologien und Dogmen einzufangen. Wo immer jemand meint, ihn erfasst zu haben und für seine Zwecke und Argumente einsetzen zu können - da ist er schon nicht mehr, da ist nur wieder der alte Nichts, der Baal mit den viel zu hohen Titeln, mit dem man letztlich nur scheitern kann.

Gott selber aber, der, dem David mit den Mägden und Knechten die Treue halten wollte gegen den Beamtenadel und andere Herrschaften, ist dort, wo er schon immer war: bei seinem Volk. Etwa bei den Hirten auf den Feldern bei Bethlehem. Und ein Herodes in seinem Palast kann mit Hilfe aller seiner Theologen noch so intensiv versuchen, ihn in den Griff zu bekommen: Er ist schon weitergewandert, etwa mit den Flüchtlingsströmen der jeweiligen Zeit, in die Anonymität des einfachen Volkes, in den Glauben und in die Gemeinschaft derer, die bereit sind, mit ihm zu ziehen, immer wieder durch Wüsten und Nöte und Kämpfe, aber schließlich zum Ziel, das er uns gesetzt hat. Er wandert auch noch heute

Bei der Torliturgie, die Israel jedes Jahr neu daran erinnern sollte, wer denn allem Tempelpomp zum Trotz sein Gott ist, wird auch deutlich gesagt, wer es denn ist, der mit diesem Gott hinaufziehen kann: „„Wer reine Hände hat und ein lauteres Herz; wer nicht auf Trug sinnt und nicht falsch schwört. Der wird Segen von dem Herrn empfangen und Heil vom Gott seiner Hilfe. Das ist das Geschlecht, das nach ihm fragt, das dein Angesicht sucht, Gott Jakobs."

Die nach Gott und nach Gottes Willen fragen ohne Hintergedanken, die seine Hilfe suchen, weil sie wissen, dass bei den Baalim aller Zeiten und ihren Dienern keine zu finden ist, die sind auf dem Weg mit dem, der da kommt; der da kommt, Heil und Leben zu bringen, in Sanftmut und mit Barmherzigkeit. Die rufen: „Hosianna dem Sohne Davids! Gesegnet sei, der da kommt, der da kommt im Namen des Herrn! Hosianna in den Höhen!" Er kommt, alle Rahmen zu sprengen. Auch zu uns, wenn wir nur bereit sind, uns auf ihn einzulassen.
Amen

4. Lied 1, 1-5 (ganz): Macht hoch die Tür...

(Gebet:) Herr, zieh auch bei uns ein, in unsere Mitte und in unsere Herzen; lass und teilhaben an Deiner Liebe zu den Ohnmächtigen dieser Welt; vertreibe die, die andere in Ohnmacht halten, von ihren Thronen und hilf, ihre Altäre umzustürzen. Wir bitten Dich für die, die direkt unter dem Unfrieden der Welt leiden, alle Menschen in Kriegsgebieten, alle, die gezwungen werden, ihre Heimat zu verlassen oder dazu, mit Gewalt gegen andere vorgehen zu müssen, alle, die unter der Gewalt leiden. Vertreibe den Götzen der Gewalt und der Waffen. Wir bitten Dich für die, denen es am Lebensnotwendigen fehlt. Aß Gerechtigkeit wachsen, wo heute noch jeder dem privaten Vorteil nachjagt. Vertreibe den Götzen der Macht des Geldes. Wir bitten Dich für die, die um ihres Glaubens, um ihrer kulturellen Identität, um ihrer Rasse oder Geschlechts willen bedrängt, behindert und verfolgt sind. Vertreibe den Götzen des Hochmutes jeder Art. Wir bitten Dich für alle, die einsam sind, die ratlos sind, die in Ängsten leben, die krank sind: Erweise Dich als der, der mit ihnen ist und schenke Frieden. Wir bitten Dich für alle, die den vielfältigen Götzen unserer Zeit anhängen: Befreie sie aus den Zwängen, in die sie verstrickt sind und lass sie erfahren, dass es einen besseren Weg gibt: den Weg mit Dir. Herr, wir danken Dir, dass Du in Israel zur Welt gekommen bist und immer weiter zu ihr kommst. Hilf uns, Deine Gegenwart in ihr zu erfahren und ernst zu nehmen; hilf uns, selber zu dem beizutragen, worum wir Dich mit den Worten Jesu bitten:

Unser Vater im Himmel...

Predigt zu Psalm 25 am 8. Oktober 2006
in der Französischen Friedrichstadtkirche zu Berlin

Der Gottesdienst wurde zweisprachig deutsch-französisch gehalten.

Lieder im Gottesdienst vor der Predigt (EG für die Reformierte Kirche, mit französischen Strophen): 316, 1 – 4: Célébrons le Seigneur... , Psalm 119, 1 – 4: O selig sind... und 331, 1 – 4: Grand Dieux, nous te bénissons..

Weitere Texte waren: 1. Johannes 5, 4., die Zehn Gebote (auf französisch), Lukas 10, 25 – 28., und das Bekenntnis „Nous ne sommes pas seuls..."

Predigttext: Psalm 25 (nach dem hebräischen Alphabet geordnet)

	David gewidmet
(alef)	Zu Dir, JHWH, erhebe ich mein Selbst,
(bet)	Mein Gott, auf Dich vertraue ich, ich werde nicht enttäuscht, meine Feinde triumphieren nicht über mich.
(gimel)	Ja, alle, die auf Dich hoffen, werden nicht enttäuscht, enttäuscht werden die, die ohne Ursache treulos sind.
(dalet)	Deine Wege, JHWH, lass mich wissen, deine Pfade lehre mich.
(he)	Lass mich in Deiner Wahrheit gehen,
(waw)	Und lehre mich, denn Du bist der Gott meiner Rettung, auf Dich hoffe ich den ganzen Tag.
(zajin)	Erinnere Dich an Dein Innerstes, JHWH, und an Deine Gnaden von Ewigkeit her.
(chet)	An die Sünden meiner Jugend und an meine Vergehen erinnerst Du Dich nicht. Wie an Deine Gnade erinnere Dich an mich, Du, Deiner Güte wegen, JHWH.
(tet)	Gut und zuverlässig ist JHWH, so bringt er Sünder auf den Weg.
(jod)	Er lässt Demütige im Recht gehen, und er lehrt Demütige seinen Weg.
(kaf)	Alle Pfade JHWHs sind Gnade und Treue denen, die seinen Bund bewahren und seine Ordnungen,

(lamed)	Um Deines Namens Willen, JHWH. Und Du vergibst nach meiner Schuld, so groß sie ist.
(mem)	Wer ist der Mann, der JHWH fürchtet? Er bringt ihn auf den Weg, den er wählt.
(nun)	Er selbst wohnt im Glück, seine Nachkommen erben das Land.
(samek)	Vertraulich ist JHWH mit denen, die ihn fürchten, und sein Bund macht sie wissend.
(ajin)	Mein Blick ist immer auf JHWH gerichtet, denn er, er befreit meine Füße aus dem Netz.
(pe)	Wende Dich mir zu und erbarme Dich meiner, denn einsam und elend bin ich.
(ṣade)	Die Beengung meines Herzens weitet sich, aus meinen Bedrängnissen führe mich hinaus.
(qof)	Schau mein Elend und meine Mühsal, und vergib alle meine Sünden.
(reš)	Schau meine Feinde, wie viele, und Hass! Zu Unrecht hassen sie mich.
(šin)	Behüte mich selbst und rette mich. Ich werde nicht enttäuscht, wenn ich mich zu Dir flüchte.
(taw)	Frömmigkeit und Verlässlichkeit bewahren mich, weil ich auf Dich hoffe.
	O Gott, befreie Israel aus allen seinen Nöten.

Liebe Gemeinde,

dieser Psalm ist wie eine Perlenkette, viele schöne Sätze, aufgereiht auf dem hebräischen Alphabet, dessen Ordnung die Versanfänge folgen. Ein Kunstlied also, wie wir im Psalter mehrere finden, kein spontanes Gebet. Und doch erzählt der Psalm einiges über seinen Beter oder seine Beterin. Erlauben Sie mir, um mich nicht in der sogenannten inklusiven Sprache zu verfangen, im Folgenden von einem Beter zu sprechen – auch der Psalm spricht von einem Mann - Ihr Beterinnen seid immer mit eingeschlossen.

Das erfahren wir über den Beter: Feinde hat er, die ihn hassen, und er fühlt sich verlassen und elend. In die Irre gegangen ist er und bereut, was er nicht nur in seiner Jugend falsch gemacht hat. Auf der Suche ist er nach dem richtigen Weg.

Dieser „Weg" ist nicht irgendein individueller Lebensweg, der gerade zu ihm passt; „Weg" ist in den Psalmen meistens ein Synonym für Tora, Gottes Weisung, wie es auch hier deutlich wird, wenn der Weg der Weg der Wahrheit Gottes ist, ihn zu beschreiten Recht, das Gottes Bund und seine Ordnungen bewahrt in Frömmigkeit und Verlässlichkeit.

Also: Leben streng nach Vorschrift? Wer hier mit dieser Kategorie kommt, sollte noch etwas über die Tora und ihren Weg lernen. Das ist auch, was der Beter will: Die Wege wissen, die Pfade lernen. Und erstaunlich ist, was dann zuerst über Gottes Wege für uns gesagt wird: „Alle Pfade des Ewigen sind Gnade und Treue." Das ist das erste, was zu lernen ist: nicht, was wir zu tun haben, sondern wie wir von Gott angenommen werden. Gottes Gnade geht unserer Treue voraus, sie umfängt uns von Ewigkeit her, und der Beter bezeichnet sie als Gottes „Innerstes", ja, geradezu als seine Innereien, die deshalb im Hebräischen, auf Gott angewandt, die Bedeutung von „Erbarmen" haben. Nichts anderes sollen wir in Gott vermuten oder in ihn hineindeuten.

Erbarmen ist auch die innerste Natur der Weisung Gottes. Sie zeigt die Wege auf, die aus Nöten heraus ins Leben führen, das selber wieder ein Geschenk, eine Gnade Gottes ist. Wenn orthodox fromme Juden sich bemühen, alle Vorschriften dieser Weisung exakt zu befolgen, dann tun sie das nicht als Sklaven von Vorschriften, deren Sinn nicht immer klar ist, sondern um sich der Gnade Gottes immer wieder zu vergewissern und das von ihm geschenkte Leben als Leben mit ihm zu erfahren. Das ist etwas Großes und verdient Bewunderung; aber es ist nicht der Weg für uns.

Was ist dann der Weg für uns? Im Psalm heißt es: „Wer ist der Mann, der den Ewigen fürchtet? Er bringt ihn auf den Weg, den er wählt." Der Wählende, der selber seinen Weg wählt, ist also der, der Gott fürchtet. Diese Gottesfurcht hat nichts mit Angst zu tun, sondern ist die ehrfürchtige Anerkennung von Gottes Anderssein und der Wille, trotzdem mit ihm in Einklang zu sein. Gott bringt ihn auf den Weg, den er wählt. Es ist also an uns, zu wählen, wie und wonach wir uns ausrichten.

Das führt aber nicht in die Beliebigkeit. Denn vor der Wahl steht die Gottesfurcht, steht der Wille, mit Gott, dem ganz anderen, in Einklang zu sein. Das schließt jede Wahl aus, die uns zu anderen Göttern oder zur Selbstvergötterung führen würde. Aber gerade das sind die Wahlmöglichkeiten, die uns dauernd nahegelegt werden: Der Weg des wirtschaftlichen Erfolgs und der finanziellen Absicherung – gegen alle Habenichtse; der Weg der individuellen Selbstverwirklichung – gegen alle, die wir zur Masse zählen; der Weg des nationalen Stolzes, Papst zu sein oder den Weltmeistertitel im Fußball vermieden zu haben – gegen alle Italiener; und noch und noch und noch, alle die Wege, die sich nach dem ausrichten, woran wir nach Martin Luther unser Herz hängen und was wir damit zu unserem Gott machen. Dazu kann übrigens auch der Weg der perfekten Kirche gehören, öffentlich angesehen und anerkannt, mit gut besuchten Gottesdiensten, wachsender Mitgliederzahl und tausend Aktivitäten – gegen alle, die in ihren Gemeinden der Kümmerlichkeit erliegen.

Gottes Weg, das bekennt der Psalm deutlich, ist der Weg des Erbarmens, der Gnade, der Vergebung. Aber bevor wir diesen Weg mit ihm beschreiten können, kommt Gott uns auf ihm entgegen. Sein Handeln geht unserem immer voraus. Der Beter des Psalms nimmt das sehr zentral auf, ohne es aber zum Hauptthema zu machen, spricht von seinen Jugendsünden, an die Gott sich nicht erinnert, und von großer Schuld, die ihm vergeben ist; das sind hier keine Bitten, wie meistens übersetzt wird, sondern Feststellungen: Sie sind vergessen und vergeben! Und er bittet dann am Ende doch noch einmal: „Schau mein Elend und meine Mühsal, und vergib alle meine Sünden." Er bleibt auf Vergebung weiter angewiesen.

Es wäre nun möglich, in den Psalm die Systematik des Heidelberger Katechismus hineinzulesen: Erster Teil: Von des Menschen Elend, aus dem er sich selber nicht befreien kann; zweiter und Hauptteil: Von des Menschen Erlösung, die er allein Gottes Wirken in Christus verdankt; und dritter Teil: Von der Dankbarkeit, dem Weg nämlich, den der nun erlöste Mensch beschreitet. Dieser Aufbau hat zu einer Methodik der Volksmission geführt, am deutlichsten im danach benannten Methodismus, die die zu Missionierenden zunächst in das tiefe Bewusstsein von Schuld und Auswegslosigkeit stürzt, um sie dann mit der Predigt von Gottes großer Gnade, daraus wieder herauszureißen und auf neue Wege zu bringen.

Aber der Psalm folgt dieser Methodik nicht. Er setzt ein mit dem Vertrauen und mit dem Begehren, aus diesem Vertrauen heraus den

Weg zu finden, auf dem ihm Gottes Gnade und Treue zur Wirklichkeit werden. Und er bezieht immer zugleich andere mit ein: „Alle, die auf Dich hoffen, werden nicht enttäuscht." – „Gut und zuverlässig ist der Ewige, so bringt er Sünder auf den Weg. Er lässt Demütige im Recht gehen, und er lehrt Demütige seinen Weg. Alle Pfade des Ewigen sind Gnade und Treue denen, die seinen Bund bewahren und seine Ordnungen, um Deines Namens Willen, Ewiger." Und der Psalm endet mit der Bitte für das ganze Israel: „O Gott, befreie Israel aus allen seinen Nöten." Der Beter weiß sich in allem als Teil eines größeren Ganzen.

Ein Sündenbewusstsein beim Beter ist da, empfunden nicht so sehr Schuld, die auf ihm lastet und ihn zermürbt, sondern als Erfahrung von Verfolgung, Elend und Bangigkeit, aus denen heraus er sich vertrauensvoll Gott ausliefert – sicher, dass der ihn herausreißen wird, denn er ist der Gott der Rettung. Die Rettung ist aber nicht die passive Erfahrung von Vergebung und Befreiung, sondern der Weg, auf den er von Gott eingeladen wird – und der kein Patentrezept für alle ist, sondern sein persönlicher Weg, den er wählt.

Wie immer er wählt, es ist der Weg des Erbarmens. Das heißt, der Weg, der andere zurechtbringt, der denen vergibt, die an ihm schuldig werden, der sein Heil nicht individuell auf Kosten anderer anstrebt, sondern mit ihnen und für sie. Das Wohnen im Glück und die Erbschaft des Landes ist nicht alleine möglich, sondern nur in der Gemeinschaft der von Gott Erlösten. Und das sind alle Wesen, die Gott erschaffen hat. Sie das erleben zu lassen, materiell wie geistig, ist der Weg. Möge Gott ihn uns lehren und uns darauf führen, einen jeden und eine jede und uns als Gemeinde so, wie es uns angemessen ist.

Amen

Psalm 25; 1- 4: Meine Seele steigt auf Erden...

(Gebet nach der Predigt:) Herr, Du Einziger und Ewiger, wir preisen Dich, dass Du Dich unser erbarmst und uns gnädig entgegentrittst. Wir danken Dir, dass Du uns einlädst, unsere Wege im Blick auf Dich und Deine Treue zu uns Menschen zu wählen und zu gestalten, und dass Du diese Wege mit uns gehen und sie so zu Deinen machen willst, Wege zum Leben.

(französisch): Weil du uns annimmst und deine Wege gehen lässt, bitten wir dich um Glauben, Phantasie und Mut, Erbarmen und Liebe in die Welt zu tragen...

Wir bitten Dich für alle Mutlosen, dass ihnen Mut wächst, auf Dich zu vertrauen, für alle Schwachen, dass sie die Kraft finden, mit Dir zu gehen. Sei mit unseren Kranken, dass sie die Geduld zur Heilung finden, und wo nicht, hilf ihnen, dieses Leben getrost loszulassen. Tröste und ermutige alle, die einen wichtigen Menschen aus ihrem Leben verloren habe und führe sie durch die Trauer zu neuer Zuversicht.

(französisch): Bitten für Arme (3. Welt), politisch Verfolgte, Flüchtlinge, Frieden allgemein etc. ...

Wir bitten Dich für unsere Gemeinde und unsere und alle Kirchen, dass sie nicht die eigene, sondern Deine Ehre suchen und verkünden in Worten und Taten. Wir bitten Dich für Dein Volk Israel in seinem Land und in der Diaspora, dass es Frieden findet und in Frieden den Weg beschreiten kann, auf das Du es führst.

Wir sprechen gemeinsam, wie Jesus uns zu beten gelehrt hat
Disons ensembles la Prière du Seigneur   Unser Vater im Himmel...

Predigt zu Psalm 27 am 12. Mai 2002
in der Französischen Friedrichstadtkirche zu Berlin

Lieder vor der Predigt: 452, 1-5(ganz): Er weckt mich alle Morgen..., 196, 1. 2. 5.: Herr, für dein Wort... und 269, 1-5. 8.: Ich heb mein Augen sehnlich auf...

Weitere Texte: Die Zehn Gebote, Frage und Antwort 1 des Heidelberger Katechismus, Taufsprüche: Psalm 91, 11. 12. , Psalm 23, 6. und Psalm 121, 7. 8. und der Taufbefehl nach Matthäus 28

Predigttext: Psalm 27 (Zürcher Bibel von 1931)

Von David. Der Herr ist mein Licht und mein Heil, vor wem sollte ich mich fürchten? Der Herr ist die Festung meines Lebens, vor wem sollte ich erschrecken?
Falls Übeltäter über mich kommen, mein Fleisch zu fressen, meine Bedränger und meine Feinde gegen mich: Sie straucheln und stürzen.
Wenn ein Heer sich gegen mich lagert, fürchtet mein Herz sich nicht. Wenn Kampf sich gegen mich erhebt, bleibe ich dabei getrost.
Eins frage ich vom Herrn, darum bitte ich: mein Verbleiben im Hause des Herrn alle Tage meines Lebens, um die Freundlichkeit des Herrn zu schauen und zu betrachten in seinem Tempel.
Denn er bewahrt mich in seiner Hütte am Tage des Unheils, er birgt mich im Schutz seines Zeltes, auf einen Felsen erhebt er mich.
Nun erhebt sich mein Haupt über meine Feinde ringsum; darum will ich in seinem Zelte Opfer bringen, Jubel will ich singen und aufspielen dem Herrn.
Höre, o Herr, meine Stimme, wie ich laut rufe, und sei mir gnädig und antworte mir!
Zu dir sagt mein Herz: Sucht mein Angesicht! Dein Angesicht, o Herr, suche ich.
Du wirst dein Angesicht nicht vor mir verbergen, weise deinen Knecht nicht ab im Zorn! Du warst meine Hilfe, du wirst mich nicht aufgeben und mich nicht verlassen, du Gott meines Heils!
Selbst wenn mein Vater und meine Mutter mich verließen, dennoch nimmt der Herr mich auf.

Lehre mich, Herr, deinen Weg und leite mich auf einem Pfad des Rechts um meiner Feinde willen.
Du gibst mich nicht dem Verlangen meiner Bedränger preis, wenn falsche Zeugen gegen mich aufstehen und Gewalt schnauben.
Ach, wenn ich nicht darauf vertraute, die Güte des Herrn zu schauen im Lande der Lebenden!
Hoffe auf den Herrn! Sei stark und mutig, und hoffe auf den Herrn!

Liebe Gemeinde,
ein schönes Lied, ein starkes Lied, dieser 27. Psalm! So voller Vertrauen auf die Hilfe Gottes – und doch keine billige Vertrauensseligkeit, die nichts kostet: Das Sein bei Gott, die Betrachtung seiner Freundlichkeit, das Suchen seines Angesichts, der Pfad des Rechts, starke und mutige Hoffnung: Das ist das Teil derer, die diesen Psalm über Gottes Bewährung, Schutz und Hilfe singen.

Wer singt diesen Psalm? Ein König, sagen die einen; nicht nur weil darüber steht: von David. Das ist vor allem als Widmung zu verstehen. Sondern weil da von einem Heer, das sich gegen den Sänger lagert, und von Kampf die Rede ist. Es gibt aber ganz verschiedene Heerscharen, nicht nur militärische. Andere sagen: Ein Pilger, der im Heiligtum Beistand gegen falsche Anklage sucht, und der seine Zuversicht, dass ihm dort Hilfe wird, schon heraussingt, bevor er seine Klage vorbringt, und der dann in seiner Hoffnung auf Gott bestärkt wird. Und noch andere sehen wieder jemand anderen. Und obwohl keiner wirklich Recht hat, liegen doch alle richtig.

Es mag durchaus sein, dass dem Psalm eine ältere Form vorlag, die sehr viel eindeutiger auf eine bestimmte Person und ihre Situation zugeschnitten war. Aber die kennen wir nicht. Sondern wie fast alle Psalmen ist auch dieser jetzt so formuliert, dass viele Verschiedene sich mit ihren verschiedenen Situationen hier wiederfinden können, der bedrängte König ebenso wie der zu unrecht Angeklagte, und vielleicht auch wir. Lassen Sie uns deshalb die akademische Frage nach dem Sänger des Psalms etwas weniger akademisch beantworten: es sind jede und jeder, die in diesen Psalm einstimmen können. Ich hoffe, auch wir sind es, und die, denen wir heute als Taufsprüche Verse ähnlich diesem Psalm mit auf den Weg gegeben haben.

Der Psalm versucht, die Widersprüchlichkeit unseres Lebens einzufangen: Groß und bedrohlich sind die Anfechtungen, die auf uns einstürmen und uns zu vernichten drohen – und doch bleiben wir immer wieder bewahrt. Groß und bewährt ist die Sicherheit, die Gott uns schenkt – und doch müssen wir sie immer von Neuem erkennen, erbitten und annehmen.

Einige Begriffe, die der Psalm verwendet, decken sich auf den ersten Blick kaum mit unserer Lebenswirklichkeit. Wer kommt schon über uns, um unser Fleisch zu fressen? Und doch gibt es gar nicht so wenige, die sich uns mit Haut und Haar und unserem ganzen Denken einverleiben möchten: politisch-ideologische und pseudoreligiöse Bewegungen ebenso wie die Konsumbefehle der Wirtschaft und der Moden. Hinter der teilweise drastischen Sprache des Psalms verbergen sich Vorgänge, die sich auch viel subtiler abspielen und von denen wir vielleicht oft nicht sagen können, ob oder wie weit wir ihnen schon erlegen sind. Vielfach bilden wir uns ja nur ein, dass unser Denken frei und ungebunden sei, und merken nicht, dass es längst von anderen beherrscht wird.

Natürlich ist es nicht abzuleugnen, dass unser Denken und Fühlen von der Kultur und Gesellschaft abhängig ist, in der wir aufgewachsen sind, egal ob wir sie positiv annehmen oder kritisch betrachten. Dem, was wir so geworden sind, können wir nicht entfliehen, und wenn wir es doch versuchten, würden wir es dennoch so oder so mit uns tragen. Darüber müssen wir uns klar sein, um uns selber einschätzen und, wo nötig, auch verändern zu können, als eine gegebene Tatsache und nicht als Privileg, das uns über andere erhebt. Sondern diesen anderen sollen wir das Gleiche zugestehen: die zu sein, die sie durch ihre Herkunft geworden sind. Dann kann im Miteinander auch Neues entstehen und Kultur sich positiv weiterentwickeln.

Wichtig ist aber in jedem Fall, dass wir unsere je eigene Identität haben, wir also jede und jeder wir selbst sind und uns als wir selbst auch verändern.

Der Psalmsänger oder die Sängerin sieht Übeltäter, Bedränger, ja ganze Heere und falsche Zeugen, die ihm an seine Identität wollen. Und er weiß, dass er die weder aus sich selbst heraus hat noch bewahren kann. Vielmehr weiß er: „Der Herr ist mein Licht und mein Heil, vor wem sollte ich mich fürchten? Der Herr ist die Festung meines Lebens, vor wem sollte ich erschrecken?" Hätte er diesen Herrn nicht, dann wäre er arm dran, würde selber bald straucheln und in alle Gruben stürzen, die die unermüdlich graben, die seine Identität zerstören und etwas an ihren Platz setzen wollen, das ihnen selbst dienstbar wird: den Anbeter ihrer Ideen, ihren Konsumsklaven oder was auch immer, vielleicht auch nur ihren Clown.

Der Psalmist hat eine Festung, die ihn ihnen gegenüber unangreifbar macht, den, der ihm Licht und Heil ist, Gott den Herrn. Oder ist das nur das Gleiche mit anderem Namen, eine ebenso abhängig machende Dienstbarkeit, die Abgabe der eigenen Identität an ein höheres Wesen? Da muss man in der Tat vorsichtig sein, denn die, die uns unsere Identität rauben und sich unterordnen wollen, kommen ja oft genug im Mantel der Religion daher, und die Phasen der Kirchengeschichte, in denen die Entmündigung und Versklavung der Menschen und der Gewissen vorherrschte, sind sehr viel länger als die, die Befreiung brachten. Aber es gab immer beides und gibt es auch heute noch.

Wie unterscheiden wir aber, wo es sich um Gott, den Herrn, handelt, von dem der Psalm singt, und wo nur sein Name missbraucht wird? Die Antwort kann uns der Psalm selber geben: In allen Schwierigkeiten, in denen der Sänger sonst steckt, ist der Herr ihm nur Freude und Sicherheit. Hier werden keine Schuldgefühle geweckt oder gepflegt, hier gibt es nicht die Alternative eines gnädigen oder ungnädigen Gottes, und damit auch keine Dienstbarkeit, in der man ihn für sich günstig stimmen müsste. Und hier gibt es auch keine Vertröstung auf später, einen jenseitigen Lohn für hier erlittene Unbill, sondern es geht darum, die Güte des Herrn im Lande der Lebenden zu schauen: Hier und heute. Es geht um Selbstverwirklichung des Lebens und der Identität des Menschen nicht als mühsame Übung, sondern als Geschenk.

Ich habe vorhin von der Abhängigkeit unseres Denkens und Fühlens, also auch unserer Identität von der Kultur und Gesellschaft gesprochen, in denen wir aufgewachsen sind. Dazu gehört bei uns wesentlich dieses Erbe des Gottesvolkes, das Gott als seinen identitätsstiftenden Befreier erkennt. Das ist auch das Erbe des Christentums, und zwar ein Erbe, von dem man mit Goethe sagen muss: erwirb es, um es zu besitzen! Denn das gibt es nicht theoretisch, sondern nur so: „Hoffe auf den Herrn! Sei stark und mutig, und hoffe auf den Herrn!" Dann wirst du frei „aus allen gottlosen Bindungen dieser Welt zu freiem, dankbarem Dienst an seinen Geschöpfen" (Barmer Erklärung 2). Amen

Lied 274, 1-5(ganz): Der Herr ist mein getreuer Hirt...

(Gebet:) Herr, Du getreuer Hirte und Helfer, wir preisen Dich für Dein Wort, aus dem wir unsere Annahme erfahren und die Weisung zur Freiheit hören. Dafür danken wir Dir und bitten dich, lass das zur Erfahrung aller Menschen werden, damit sie ihre Ängste und das, was ihnen Angst macht, überwinden und die Fülle des Lebens erleben. Wir denken dabei an die, die durch Krankheit und Behinderung in ihren Lebensmöglichkeiten zeitweise oder dauernd eingeschränkt sind; lass sie erkennen, dass auch sie vollen Anteil an Dir haben. Wir denken an die, denen der Tod vor Augen steht; lass sie Dich als ihr Ziel erkennen. Wir denken an alle, denen die zum würdigen Leben notwendigen materiellen Mittel fehlen; lass sie erleben, dass Gerechtigkeit unter den Menschen wird. Wir denken an die, die in ihrer Entfaltung gehindert werden, denen Bildung und Freiheit vorenthalten werden; lass sie Wege zur Befreiung finden und gehen. Wir denken an die, die der Gewalt ausgeliefert sind, privater wie öffentlicher; lass sie erleben, dass ihre Unterdrücker das Feld räumen müssen. Wir denken an die, die in Kriegen und Bürgerkriegen und unter Terror leben; insbesondere denken wir an Dein Volk Israel; lass sie Frieden finden und ein Leben ohne Angst. Wir denken vor dir auch an die, die in Politik und Wirtschaft und anderswo Macht über andere haben; lass sie sie als Dienst am Nächsten ausüben, und wo nicht, befreie sie von Ihrem Ämtern. Wir denken auch an die Starken, dass sie ihre Kraft für die Schwachen einsetzen, an die Liebenden, dass ihre Liebe über sie hinaus wachse, an die Fröhlichen, dass ihre Fröhlichkeit ansteckend sei. Wir bringen vor Dich die Kinder, die wir heute getauft haben, und ihre Familien, lass sie miteinander die Liebe, die Sicherheit und die Freiheit erleben, die Du schenkst.
Wir bitten Dich mit Jesu Worten: Unser Vater im Himmel...

Predigt zu Psalm 31 am 26. Februar 2006
in der Französischen Friedrichstadtkirche

Lieder im Gottesdienst vor der Predigt waren (EG) 282, 1 – 3. 6: Wie lieblich schön, Herr Zebaoth..., 198, 1 + 2 : Herr, Dein Wort, die edle Gabe... und 275, 1 – 4: In dich hab ich gehoffet, Herr...

Weitere Texte waren Lukas 18, 31., die Zehn Gebote, Jeremia 29, 12 – 14a., Matthäus 11, 25 – 30. und Frage 32 des Heidelberger Katechismus.

Liebe Gemeinde,
 der heutige Sonntag heißt in der lateinischen Kirchentradition „Esto mihi"; damit wird der 31. Psalm – in der lateinischen Zählung der 30. -, der Psalm dieses Sonntags zitiert: „Esto mihi in Deum protectorem et in domum refugii, ut salvum me facias": Werde mir in Gott zum Wächter und zum Haus der Zuflucht, auf dass du mich sicher machst. Der lateinische Psalter ist aus dem griechischen übersetzt, nicht aus dem hebräischen. Ich habe Ihnen meine eigene Übersetzung aus dem Hebräischen verteilen lassen; nicht, weil ich der Meinung bin, besser übersetzen oder formulieren zu können als andere, sondern weil mir bei der Predigtvorbereitung auffiel, dass alle gängigen Übersetzungen den Text verändern, teils aus theologischen, teils aus sprachlichen Gründen. Und Martin Bubers Übersetzung ist sprachlich so ungewohnt, dass sie uns vom Inhalt ablenken würde. Was Ihnen vorliegt und was ich jetzt vorlese, ist der Versuch einer möglichst wörtlichen Übersetzung aus dem Hebräischen, mit einigen dabei unvermeidbaren Holprigkeiten; nehmen Sie sie bitte für diese Predigt hin; zuhause können Sie sie dann mit der viel schöneren Sprache der Luther- oder der Zürcher Bibel vergleichen, auch mit Buber - oder auch noch einmal mit dem Psalmlied, das wir eben gesungen haben.

Psalm 31
(Für den Chorleiter: Ein Davidspsalm.)
Bei Dir, JHWH, habe ich Zuflucht gesucht, ich werde niemals zuschanden werden. Berge mich in Deiner Gerechtmachung!

Neige Dein Ohr zu mir, rette mich schnell; werde mir ein Fels der Zuflucht, ein Haus der Bergfeste, um mich herauszureißen!
Denn mein Felsen und meine Bergfeste, das bist Du, und um Deines Namens willen leitest und weidest Du mich.
Du lässt mich hervorgehen aus dem Netz, das sie mir legen, denn Du bist meine Zuflucht.
In Deine Hand übereigne ich meinen Lebensgeist; Du kaufst mich los, JHWH, Gott der Treue.
Ich hasse, die sich an trügerische Nichtse halten; ich aber vertraue auf JHWH.
Ich juble und freue mich an Deiner Liebe, der Du mein Leiden siehst; Du weißt von den Ängsten meiner Seele
und Du lieferst mich nicht in die Hand des Widersachers aus, Du stellst meine Füße auf weiten Raum.
Sei mir gnädig, JHWH, denn mir ist's eng; vor Gram bricht mein Auge, meine Seele und mein Leib.
Denn in Kummer schwinden mein Leben und meine Jahre in Seufzen; in Sünde stolpert meine Kraft, und mein Gebein bricht.
Vor allen meinen Feinden bin ich zum Hohn geworden, besonders meinen Nachbarn, und ein Schreckgespenst denen, die mir vertraut waren; wer mich auf der Straße sieht, nimmt vor mir Reißaus.
Wie ein Toter werde ich aus dem Herzen vergessen; ich bin geworden wie ein zertrümmertes Gefäß.
Denn ich höre, wie viele mich verleumden - Schrecken ringsherum! -, wenn sie über mich herziehen, sie denken darüber nach, meine Seele zu packen.
Ich aber, ich vertraue auf Dich, JHWH, ich sage: Mein Gott bist Du !
Meine Zeiten in Deiner Hand! Rette mich aus der Hand meiner Feinde und vor meinen Verfolgern!
Lass Dein Angesicht leuchten über Deinem Diener, reiße mich heraus in Deiner Liebe!
JHWH, ich werde nicht zuschanden, denn ich schreie nach Dir; zuschanden werden die Frevler, sprachlos fahren sie zur Hölle.
Es verstummen die Lügenmäuler, die, die frech über den Frommen reden, mit Hochmut und Spott.
Wie groß ist doch Deine Güte, die Du denen bewahrst, die Dich fürchten, denen erweist, die Dir vertrauen vor den Kindern Adams.

Du birgst sie im Schutz Deines Angesichts vor den Intrigen der Leute,
Du bewahrst sie im Zelt vor dem Zank der Zungen.
Gesegnet sei JHWH! Denn wunderbar ist seine Liebe für mich in der festen Stadt.
Und ich sagte schon in meiner Bestürzung: Ich bin vertilgt vor Deinen Augen -, aber Du hörst die Stimme meines Flehens, wie ich zu Dir rufe.
Liebt JHWH, alle seine Frommen! JHWH ist der Treuen Hüter - und er vergilt im Überfluss dem, der Hochmut übt.
Seid fest und mutigen Herzens, alle, die ihr auf JHWH hofft!

„In Gott geborgen" überschreibt die Zürcher Bibel diesen Psalm, und das ist tatsächlich sein Thema, das er groß und sprachgewaltig entfaltet. Für die erfahrene Bergung oder Rettung gebraucht er allein in den ersten fünf Versen fünf verschiedene hebräische Begriffe, denen ich mich mit Zuflucht, Bergung, Rettung, Herausreißen und Hervorgehen lassen aus dem Netz anzunähern versuche. Aber auch darüber hinaus schöpft der Psalm den ganzen Reichtum der hebräischen Sprache aus, wenn er den Ewigen mit Fels, Zuflucht und Haus der Bergfeste, Gott der Treue und Hüter benennt und von seiner Güte und dreimal von seiner Liebe spricht.

Dieses Thema der Geborgenheit wird hier vor dem Hintergrund des Gegenteils entfaltet: Leiden, Bedrohung, Verleumdung, Verachtung. Um Ausgrenzung bis zum Unerträglichen geht es und um den Versuch, den, der da betet, physisch und psychisch zu vernichten. Ohne ganz konkret zu werden, wird hier eine Situation gezeigt, die wir vielleicht, wenigstens ansatzweise, kennen oder gar selber schon erlebt haben: Die Situation des missverstanden Seins bis ins Gegenteil dessen, was wir meinen, der offenen und versteckten Feindschaft, der durch andere verursachten Depressionen.

Wer kann so von sich sprechen? Viele Ausleger dieses Psalms verweisen auf Jeremia, den Propheten, der den Untergang Jerusalems nicht nur ankündigen und interpretieren, sondern auch selber miterleben musste. Im Buch Jeremia sind seine Klagen nachzulesen, als nicht nur seine tatsächlichen Gegner, sondern auch Nachbarn, Freunde und Familie versuchten, ihn mit fast allen Mitteln mundtot zu machen, als er vereinsamte, als er in Gefangenschaft geriet, verlassen von allen - und sich auch von Gott verlassen fühlte.

Die entsprechenden Passagen bei Jeremia können in der Tat eine gute Verstehenshilfe für diesen Psalm sein - und dabei auch unsere eigenen Gefühle und Empfindungen, die wir versucht sind in diesen Psalm hineinzutragen, sinnvoll relativieren: So übel wie Jeremia sind wir wohl doch nicht dran.

Und doch meine ich, dass wir auch über Jeremia noch hinausgehen können. Zwar wird der Psalm von fast allen Interpreten als Klage- und Vertauenslied eines Einzelnen betrachtet; er kann aber auch anders gelesen werden: zum Beispiel als Psalm des ins Exil geratenen Gottesvolkes. Das singularische „Ich" kann im biblischen Hebräisch auch die Bedeutung eines kollektiven „Wir" mit einschließen; der Knecht Gottes - ich habe in der Übersetzung „Diener" geschrieben - ist das Volk Gottes oder wenigstens der Teil davon, der ihm auch in ganz schwierigen Situationen, ja, bis ins Martyrium treu bleibt. Die hier beschriebene Situation des Einzelnen, der Verleumdungen und Verfolgungen bis hin zur Vernichtung ausgesetzt ist, ist immer wieder auch die Situation des Volkes Israel unter den Völkern gewesen - bis heute.

Beten wir deshalb, wenn wir den Psalm beten, ein fremdes Gebet? Ich meine: Nein. Denn gleich ob es das Gebet des Einzelnen, etwa Jeremias ist, oder das des Volkes Israel, verstreut unter die Völker und bedroht im eigenen Land, ändert das nichts daran, dass der Psalm vor allem eine Einladung ist, mitzubeten, die Einladung, aus unsrer je eigenen Situation heraus sich der Treue Gottes zu vergewissern, sich bei ihm zu bergen und, wenn wir selber vor Beengung und Bedrückung nicht mehr weiter wissen, auch für uns zu rufen: „In Deine Hand übereigne ich meinen Lebensgeist; Du kaufst mich los, Ewiger, Gott der Treue."

Wer ist es, der dem Psalmbeter so großen Kummer und Bedrängnis bereitet? Der Psalm spricht viel davon, wie sie es tun und was das beim Beter auslöst. Aber wer das tut, kommt nur kurz in dem Blick: Hochmütige sind es am Schluss und weiter oben solche, „die sich an trügerische Nichtse halten". Das ist ein stehender Ausdruck für heidnische Gottheiten, für Götzen. Und wer sich an sie hält, hält sich nicht nur an ihre goldenen oder silbernen oder sonstigen Standbilder, sondern an das ganze Wertesystem, das sie repräsentieren. Es wäre heute eine Verkürzung, sie auf klassische Religionen oder Aberglauben einzuschränken. Wäre es nur das, könnten wir sie einfach links – oder öfter wohl rechts – liegen lassen und zur Tagesordnung übergehen. Es geht aber um Macht, Ziele und Hoffnungen, die den Menschen vorgestellt werden, und um Auf- und Abwertungen, die das gesamte Leben beherrschen wollen. Wie weit das gehen kann, haben wir in unserem Land erlebt, als die Ideologie einer germanischen Herrenrasse nicht nur zur Ausgrenzung und dann Vernichtung des europäischen Judentums führte, sondern fast den ganzen Erdkreis in einen mörderischen Krieg hineinzog. Das muss jetzt nicht weiter ausgeführt werden. Wir sind eindeutig gewarnt.

Aber sind wir auch empfindsam für das, was die trügerischen Nichtse weiter bewirken? Nehmen wir die Entsolidarisierung und die wachsenden Konfrontationen wahr, die heute in den einzelnen nationalen Gesellschaften und in der Weltgesellschaft sich vollziehen?

Keine Sorge, es folgt jetzt keine Aufzählung der Globalisierungs- und Privatisierungsfolgen für die zunehmende Kluft zwischen Arm und Reich. Darüber sollen wir uns bei anderen Gelegenheiten als in der Predigt klug machen. Und darüber wissen wir auch eine ganze Menge, auch dann, wenn wir dieses Wissen erfolgreich verdrängen, wenigstens für eine Zeit; es wird uns einholen.

Wie ist denn der Psalmbeter ins Visier der Anhänger der trügerischen Nichtse geraten? Bestimmt nicht, indem er sie gewähren ließ und sich nur um seine eigenen, privaten Dinge kümmerte. Sondern er hat sich in die Auseinandersetzung begeben; er hat die Sünde Sünde und den Abfall von Gottes Lebensordnung Frevel genannt. Er hat gegen das um sich greifende Unrecht die von Gott geforderte Gerechtigkeit gestellt. Und er hat so den Hohn und Spott, die Ausgrenzung und Feindschaft der Mächtigen auf sich gezogen, bis an die Grenze der physischen Vernichtung.

Ich denke nicht, dass es mit uns so weit käme, wenn wir heute ähnliches täten. Ich denke aber, dass viele von uns erwarten, dass wir ähnliches täten. Eine Gemeinde und eine Kirche, die aus dem Wort Gottes lebt, kann damit nicht für sich alleine leben. Sie kann dieses Wort nur in Wort und Tat weitergeben – oder sie hört auf zu leben. In einer Gesellschaft, in der die Verteilung des Reichtums von unten nach oben, also die Tatsache, dass die Reichen auf Kosten der Armen immer reicher werden, in einer Gesellschaft, in der das wie ein unumstößliches Naturgesetz hingenommen wird, können die vom Wort Gottes Bewegten nicht schweigen. Sie müssen keine Patentrezepte für eine andere

Politik vorweisen, aber von der anderen Gerechtigkeit sprechen, die erkennt, dass eine Gesellschaft nur so gut ist wie es den Ärmsten in ihr geht. Wenigstens das. Und das ist schon der erste Schritt des sich Bergens bei Gott, gemeinsam mit diesem Ärmsten.

Das macht bei den Mächtigen nicht beliebt. Aber brauchen wir deren Liebe? Oder sind wir stattdessen bereit, aus der Liebe Gottes zu leben? Die rettet und reiß heraus. Die segnet auch den, den die Mächtigen zum Narren erklären – und vielleicht ist es schon ein Segen, den Beifall nicht von der falschen Seite zu erhalten.

Der Psalm spricht von zwei Orten, ganz nebenbei und wie selbstverständlich: Vom Zelt, in dem Gott die Seinen bewahrt vor dem Zank der Zungen, und der festen Stadt, in der wunderbar die Liebe Gottes zu erfahren ist. Ich möchte das Zelt als das Bundesheiligtum Israels verstehen, in dem Gott den Seinen nahe ist und sie eine Gemeinschaft bilden, die sich gegenseitig bestärkt, und die feste Stadt als die Stadt Jerusalem, in die sein Volk mehrmals jährlich strömt, um den Bund Gottes zu feiern. Denn Feiern gehört auch dazu. Es sind die praktischen Erfahrungsorte dessen, was der ganze Psalm besingt. Wir sind vom Wort Gottes nicht in die Position von Einzelkämpfern berufen, sondern in seine Gemeinschaft.

Und wenn wir doch in die Position von Einzelkämpfern und in einen Untergang geraten, sind wir mit diesem Psalm in eine noch tiefere Gemeinschaft eingeladen. Jesus lebte aus diesem Psalm und zitierte ihn nach dem Lukasevangelium als sein letztes Wort am Kreuz bevor er starb: „In Deine Hand übereigne ich meinen Lebensgeist!" Auch wenn das Leben zu Ende geht, können wir es keinem andern übergeben als dem Lebendigen, der es umfasst und bewahrt, weit über uns selbst hinaus. Amen.

Lied 414, 1 – 4: Lass mich, o Herr in allen Dingen...

(Gebet nach der Predigt:) Herr, Herr, Dich wollen wir rühmen und preisen für alles, was Du an uns und für uns tust. Wir versuchen es mit Worten und Musik, hilf uns noch mehr bei dem Versuch, es in Taten der Liebe zu tun. Denn an Liebe mangelt es schon unter uns, wie viel mehr noch dort, wo die Nöte so groß sind. Hilf dazu, dass wir nicht abstumpfen, dass wir nicht Gewalt und Unterdrückung, solange sie in gebührender Ferne stattfinden, wie selbstverständlich hinnehmen. Nein, wir bitten Dich: rücke das Denken derer zurecht, die meinen, mit ökonomischer und militärischer Macht ihre Ziele durchsetzen zu können oder zu müssen. Wecke uns auf, dass wir nicht Hunger und Entbehrungen, solange sie andere betreffen, übersehen, sondern lass uns solidarisch werden mit allen Leidenden und Verfolgten. Schenke uns ein waches Bewusstsein auch für die Nöte in nächster Nähe, für die Einsamkeit vieler Menschen in unserer Stadt, für die Ziellosigkeit vieler Junger und auch Älterer, die scheinbar nicht gebraucht werden, für die Not der Menschen, die hierher geholt wurden oder sich hierher geflüchtet haben und nun abgeschoben werden sollen in Elend. Hilf uns, die Freiheit, die Du uns in der Geborgenheit bei Dir schenkst, ihnen zu gut zu gebrauchen. Wir bitten Dich für Dein Volk Israel, dass es Frieden findet, damit Frieden in der Welt werden kann, der Welt zum Heil und Dir zur Ehre. Sei auch mit Deiner Gemeinde, dass sie wirklich Dein wird und sich auf den Weg zu dem macht, worum wir nun gemeinsam mit Jesu Worten bitten: Unser Vater im Himmel...

Predigt zu Psalm 34 am 27. März 2011
im Pastorhaus Bergholz (Vorpommern)

Lieder im Gottesdienst vor der Predigt waren (EG): 452, 1 – 5: Er weckt mich alle Morgen..., 199, 1 – 5.: Gott hat das erste Wort... und 302, 1. 2. 4. 8.: Du meine Seele singe...

Weitere Texte waren: Die zehn Gebote, Jesaja 48, 17., Markus 12, 41 - 44. und das Bekenntnis „Wir sind nicht allein..."

Predigttext: Psalm 34

Dem David, als er vor Abimelech seinen Verstand verstellte, und der ihn verjagte und er ging.
Ich segne den Ewigen zu aller Zeit, stets ist sein Ruhm in meinem Mund.
Im Ewigen rühmt sich mein ganzes Leben; Bedrückte hören und freuen sich.
Erhöht den Ewigen mit mir, und erheben wir seinen Namen miteinander!
Ich suche den Ewigen, und er antwortet mir, und aus allen meinen Ängsten reißt er mich heraus.
Sie schauen zu ihm und strahlen, und ihre Gesichter werden nicht beschämt.
Dieser Arme ruft, und der Ewige hört und befreit ihn aus allen seinen Nöten.
Der Engel des Ewigen lagert rings um die, die ihn fürchten, und rettet sie.
Fühlt und seht, denn der Ewige ist gütig! Glücklich: der Mann, der in ihm Zuflucht sucht.
Fürchtet den Ewigen, ihr seine Heiligen, denn für die, die ihn fürchten, gibt es keinen Mangel.
Löwen leiden Not und hungern, aber die den Ewigen suchen, denen fehlt es an keinem Gut.
Geht, Kinder, hört auf mich: Furcht vor dem Ewigen lehre ich euch.
Wer ist der Mensch, dem das Leben gefällt, der Tage liebt, Gutes zu sehen?

Behüte deine Zunge vor Bösem und deine Lippen davor, Verrat zu reden.
Weiche Bösem aus und tue Gutes, suche Frieden und folge ihm eifrig.
Des Ewigen Augen blicken auf den Gerechten und seine Ohren hören auf ihren Ruf um Hilfe,
des Ewigen Antlitz wendet sich gegen den, der Übel tut, dass ihr Andenken von der Erde verschwindet.
Sie schreien, und der Ewige hört und rettet sie aus allen ihren Ängsten.
Nahe ist der Ewige denen, denen das Herz gebrochen wird, und denen der Geist verzagt, die befreit er.
Zahlreich sind die Leiden eines Gerechten, doch aus ihnen allen befreit der Ewige.
Er ist Hüter aller seiner Knochen, keiner von ihnen wird zerbrochen.
Den Frevler bringt das Böse um, und die einen Gerechten hassen, werden schuldig.
Der Ewige ist der, der das ganze Leben seiner Knechte erlöst, nicht schuldig werden alle, die bei ihm Zuflucht suchen.

Liebe Gemeinde,
    dieses Lehrgedicht ist der Psalm für den heutigen dritten Sonntag in der Passionszeit, Okuli. Dabei wird meistens nur das letzte Drittel betrachtet; ich meine aber, man soll den Psalm nicht auseinanderreißen; er bildet ein Ganzes, zu dem auch die Überschrift gehört. Die widmet den Psalm dem König David in einer besonderen, sehr kritischen Situation. So erfahren wir, um was es hier geht: Die Rettung aus einer ausweglos erscheinenden, lebensbedrohenden Lage. In die hatte David sich selber begeben, als er vor König Saul, der ihn aus Eifersucht verfolgte, zu dessen größtem Feind floh, der allerdings nicht Abimelech hieß, sondern Achis, der König von Gath, war. Und als dieser dem David, dem großen Kriegshelden Israels, misstraute und ihn unter Verletzung des Gastrechtes umbringen lassen wollte, griff der zur letzten Rettungslist: Er stellte sich wahnsinnig. Wahnsinnige standen nach damaliger Meinung unter dem besonderen Schutz der Götter, ihnen durfte man nichts antun, und so schickte Achis David weg, mit der Bemerkung, er habe schon genug Verrückte an seinem Hof. Rettung in letzter Todesnot.

Was hat nun unser Psalm weiter mit dieser Geschichte zu tun ? Auf den ersten Blick: Nichts.

Deshalb ein zweiter Blick: In dem, was dieser Psalm besingt, von der Rettung dessen, der in der Not zu Gott schreit, können wir durchaus auch den David hören, der gerade glücklich aus Gath entkommen ist: „Ich suche den Ewigen, und er antwortet mir, und aus allen meine Ängsten reißt er mich heraus." Er hatte sich selbst in eine ausweglose Lage gebracht - „Dieser Arme ruft, und der Ewige hört und befreit ihn aus allen seinen Nöten." Und er hat weiter - denken Sie an Ihren Kindergottesdienst zurück ! - den David in unmöglichen Situationen bewahrt, als der wie ein Guerillakämpfer im judäischen Bergland mit Saul Katz und Maus spielte: „Der Engel des Ewigen lagert rings um die, die ihn fürchten, und rettet sie."

Wir können aus all dem David hören. Aber ebenso gut auch einen oder eine andere. Die Worte passen in den Mund eines oder einer jeden, die eine solche krisenhafte Situation erlebt haben - wo nichts mehr weiterzugehen schien, wo kein Ausschlupf aus der Sackgasse war, in die man sich manövriert hatte, Ende, Fiasko, Untergang. Und dann doch die Erfahrung: „Sie schreien", nämlich die Gerechten, „und der Ewige hört und rettet sie aus allen ihren Ängsten."

Die Kirche, die diesen Psalm oder einen Teil von ihm in die Passionszeit stellt, hört aus ihm auch Jesus heraus, der verurteilt und ans Kreuz genagelt stirbt – und doch der gerettete Lebendige ist, nicht für sich allein, sondern auch für andere, auch für uns.

Was hier zum Ausdruck kommt, ist kein Patentrezept, wie man aus ausweglosen Situationen wieder herauskommt, sondern hier berichtet jemand seine ganz eigenen Erfahrungen und lädt andere ein, ebensolche zu machen.

Hier ist einer aus Drangsal zum Gotteslob gekommen und lädt ein, in dieses Gotteslob einzustimmen. Aber wer hätte denn Grund, hier und auf diese Weise einzustimmen?

Wir zum Beispiel. Dass die Situation des Psalmsängers so unkonkret bleibt, ist Absicht. Denn in seiner persönlichen Geschichte hat er etwas erfahren, was allgemein ist: Gott rettet aus Ängsten die, die sich an ihn wenden. Auch uns.

Von Ängsten und vom Fürchten ist im Psalm die Rede: Erst die Ängste, aus denen Gott befreit, und dann das Fürchten Gottes. Das will gut auseinandergehalten werden, denn im Deutschen verschwimmt die Furcht oft mit der Angst. Mit Angst habe ich das hebräische $m_e gurah$ wiedergegeben für das, was uns von außer her in Angst, Furcht und Zittern versetzt. Das andere ist $jare_a$, die Furcht oder Ehrfurcht, mit der wir versuchen, dem Willen Gottes so weit zu entsprechen, wie wir können.

Beides aber sind Haltungen, die uns leiten, die unserem Tun und Lassen Richtung geben.

Freilich: einmal so, dass wir von den angstmachenden Dingen dieser Welt geleitet und oft genug in tödliche Fallen geführt werden - in der Sorge um unser Überleben und um all das, was wir meinen, dazu nötig zu haben, wir als Einzelne, aber auch als Kollektiv, ja, als Volk. Dem hat man versucht einzureden, die Atomkraft sei eine sichere Energiequelle, und jetzt erfahren wir, dass sie im Fall der Fälle auch bei westlicher und sogar japanischer Technik nicht beherrschbar ist. Das ist die $m_e gurah$, die Angst, die uns packt.

Das andere aber, die $jare_a$, die Gottesfurcht, will machen, dass wir uns leiten lassen von Verheißung und Gebot Gottes - in dieser Reihenfolge!: Verheißung, die das rettende Ziel angibt, und Gebot, das uns auf den Weg dorthin führt.

Der junge David, dem der Psalm gewidmet ist, hatte sich von der Angst ums Überleben in die Falle am Hof des Achis von Gath führen lassen, in seiner Angst suchte er die Rettung bei dem, der ihn vernichten wollte.

Aber Gott hatte mit ihm anderes vor. Er hatte auf diesen Jüngling eine Verheißung gelegt. David war schon sein Gesalbter. Und an diese Verheißung scheint er sich im letzten Augenblick zu erinnern. Nicht ein Irgendwer schreit hier zu Gott, sondern ein von Gott schon Erwählter. Und es entbehrt nicht der lehrreichen Symbolik, dass dieser von Gott Erwählte vor dem bösen König Achis als Verrückter erscheint.

In den Augen dieser Welt ist es verrückt, sich ganz und gar auf Gott zu verlassen und nur seiner Hilfe sich auszuliefern. So verrückt, wie es auch Verliebte sind, die alles auf eine einzige Beziehung setzen. Gott aber hört auf solche verliebt Verrückten, nimmt sie an und führt sie seiner Verheißung entgegen.

Kann man nun eine solche Erfahrung verallgemeinern, wie es der Psalm scheinbar tut? Was ist denn dann, wenn Gott einen solchen

Schreienden nicht errettet sondern untergehen lässt? Heißt das dann, dass auf dem keine Verheißung liegt? Oder wäre das der Erweis, dass er in Gottes Augen eben doch kein Gerechter war? Hüten wir uns, an Gott unsere menschlichen Maßstäbe anzulegen! Haben wir als Christen denn nicht gehört, dass Gott zur Welt nicht gekommen ist, sich ihren Maßstäben zu beugen, sondern um sie zu zerbrechen?!

Denn nach den Maßstäben der Welt ist der Tod, den der in seiner Todesnot nicht Gerettete erleidet, das endgültige Aus. Es ist das Scheitern des Versuchs, die Ewigkeit zu erreichen.

Aber nach Gottes Maßstab sind wir längst ewig. Sein Einbruch in unser Sein hat den Tod schon überwunden.

Das hat David erfahren, als er aus der Todesgefahr in Gath entkommen ist - um nun den Weg zu gehen, den Gott ihm bestimmt hat, und der auch alles andere als ein ebener, gerader Weg des Erfolges und der Tugend werden sollte.

Das soll aber auch das sein, was Sterbende erfahren, wenn sie die Schwelle des Todes gemeinsam mit dem überschreiten, von dem deshalb die Botschaft der Christenbibel sagt, dass er ihn für uns stirbt und dass er Herr über Lebende wie über Tote ist.

„Der Tod ist überwunden!", das ist die Botschaft dieses Psalms, und er lädt alle, die in Todesangst sind, ein, diese Erfahrung mit ihm zu teilen. Und zwar nicht so, dass wir auf unseren Sesseln sitzen bleiben und erwarten, was da kommt, sondern es geht um aktives Teilen.

Denn die Gottesfurcht, von der der Psalm spricht, ist aktives Tun. Der Gerechte, von dem die Rede ist, ist nicht nur der von Gott auf den richtigen Weg gebrachte Mensch, sondern der, der ihn dann auch weitergeht, indem er versucht, Gottes Willen zu tun, den Willen dessen, der den Tod überwindet.

Er überwindet den Tod dadurch, dass er aufbegehrt gegen alles, was in der Welt dem Tod noch Macht gibt - Hunger, Kriege, Krankheit, Herrschsucht, Habsucht, Dummheit, Gleichgültigkeit, Resignation und die unsägliche Frage: „Wieso denn gerade ich?", wenn es gilt, etwas Mutiges zu tun.

Begehren wir noch auf? Sind wir auf dem Weg? Und vor allem: gehen wir auf ihm vorwärts? Oder haben wir schon resigniert, wenn uns die Nachrichten erreichen, dass man jetzt in Libyen wieder vorgibt, mit Kampfflugzeugen Frieden herzustellen, wo doch jeder weiß, dass es dort um den Nachschub an billigem Erdöl und das Fernbleiben von Flüchtlingen geht. Machen uns die hohen Benzinpreise hier unempfindlich für Gerechtigkeit anderswo?

Wer den Weg der Gerechten geht, so verheißt es der Psalm, dem wird nichts mangeln. Vielleicht weil er viel weniger brauchen wird als andere: Er wird all diese Absicherungen nicht brauchen, mit denen wir immer noch versuchen, unsere Angst vor dem einzudämmen, was wir nicht kennen, und womit wir dann Dämme aufbauen gegen Menschen, die in Europa Zuflucht suchen, und gegen die Ausbreitung von Frieden und Gerechtigkeit. Vielleicht wird ihm aber auch deshalb nichts mangeln, weil er, wenn er die Schwelle des Sterbens überschreitet, an der Fülle Gottes teilhaben wird. Beziehungsweise beides!

Im Psalm steht allerdings auch, dass der Ewige sein Antlitz gegen die Übeltäter wendet, ja, dass er ihr Andenken von der Erde verschwinden lässt. Aber lesen wir genau: „von der Erde" steht da; nichts davon, dass ihr Andenken auch bei Gott aufhören soll.

Und im Psalm steht weiter, dass den Gottlosen das Unheil töten wird, wohl das, dass er selber verursacht; und dass die, die den Gerechten hassen, es büßen sollen. Aber auch hier bleibt der Psalm strikt auf der Erde, und das heißt: Im Bereich des Vergänglichen. Und da mag, da soll es zutreffen. Doch über diesen Bereich reicht die Möglichkeit des Bösen nicht hinaus. Wenn er tot ist, hört er auf böse zu sein, auch wenn seine Taten hier noch eine Weile fortwirken.

Oder meint er denn, er könne Gottes Willen vereiteln? Nur kurz kann er das. Es ist ihm eine Frist eingeräumt. Sie endet mit seinem Tod. Und dann ist da nur noch der unbefristete Willen Gottes, in dem alle Widersprüche zwischen ihm und uns ihr Ende haben.

Die Gerechten, von denen der Psalm spricht, sind die, die davon wissen und deshalb darauf zu leben, die von ihrer schon heutigen Teilhabe am Unvergänglichen etwas abgeben in die vergängliche Welt. Sie leiden an dem noch bestehenden Widerspruch zwischen Gottes Willen und unserer menschlichen Wirklichkeit in der Geschichte. „Zahlreich sind die Leiden eines Gerechten." Aber sie tun auch etwas dagegen: Sie vertagen die Erfüllung des Willens Gottes nicht auf ein fernes Jenseits, sondern leben dieses schon heute. Mühsam oft. Aber als Teil Gottes. Und deshalb auch in allem Scheitern erfolg- und siegreich. Und dafür wollen wir „den Ewigen segnen zu aller Zeit, stets soll sein Ruhm in unserm Munde sein". Amen.

Lied 414, 1 – 4: Lass mich, o Herr, in allen Dingen...

(Gebet:) Herr, nicht erst nach vollbrachtem Lauf, sondern schon jetzt wollen wir Dir Dank, Ruhm und Ehre bringen. Dank, dass Du uns im Leben und im Sterben nicht fallen lässt, Ruhm, dass das möglichst vielen Menschen bewusst wird, Ehre, indem wir unser Tun und Lassen auf Dein kommendes Reich hin ausrichten. Wir bitten Dich: mach uns dazu mutig und beflügle unsere Phantasie, damit wir erkennen, wie wir Dein Lob verkündigen können. Lass es insbesondere die erfahren, die mutlos und gebrochenen Herzens sind. Reiße sie aus der Resignation heraus zu neuem Leben. Lass es die erfahren, die vielfältiger Gewalt ausgeliefert sind in Kriegen und kriegerischen Zuständen, in Abhängigkeiten und Unterdrückung, in Verfolgung und Gefangenschaft; mache sie frei. Lass es die erfahren, denen das Notwendige zum Leben vorenthalten wird, Nahrung, Bildung, Anerkennung; schenke ihnen die Fülle des Lebens. Lass es unsere Kranken erfahren; schenke ihnen Geduld und Heilung, und wo ein Leben zu Ende geht, lass Dich als das Ziel erfahren. Wir bitten Dich besonders für Pfarrerin und Ihre Familie; lass sie in der schweren Krankheit nicht verzagen, sondern auf Zukunft hin leben. Sei ihnen Trost und Hilfe und lass sie menschliche und Deine Gemeinschaft erfahren in allem, was immer auf sie zukommt. Wir bitten Dich für die Menschen in Japan, die nicht nur von Beben und Flutwelle, sondern dazu noch von atomarer Strahlung betroffen sind. Schütze und rette Leben. Wir bitten für die Menschen in Nordafrika und im Nahen Osten, die ihre Bedrücker verjagen und ihr Schicksal in die eigene Hand nehmen wollen. Lass sie ihre eigenen Wege zum inneren wie zum äußeren Frieden finden. Wir bitten Dich für Dein Volk Israel, dass es in Frieden leben kann, damit Friede wird in der Welt. Wir bitten Dich mit den
 Worten, die Jesus uns gelehrt hat zu beten: Unser Vater im Himmel...

Predigt zu Psalm 40 am 8. August 2004
in der Französischen Friedrichstadtkirche zu Berlin

Lieder im Gottesdienst vor der Predigt waren (EG) 166, 1 – 6: Tut mir auf die schöne Pforte..., 196, 1. 2. 5. 6.: Herr, für dein Wort sei hoch gepreist... und 299, 1 – 5: Aus tiefer Not ruf ich zu dir....

Weitere Texte waren: Lukas 12, 48., die Zehn Gebote, Psalm 72, 18f., 1. Johannesbrief 3, 19 – 24. und Fragen und Antworten 127 und 128 aus dem Heidelberger Katechismus.

Der Predigttext: Psalm 40:

(Für den Dirigenten: dem David, ein Psalm)
Hoffen! Ich hoffte auf JHWH – er neigte sich zu mir und hörte mein Hilfeschreien
und zog mich aus der Grube des Lärms, aus dem Dreckschlamm, und stellte meine Füße auf Fels und machte meine Schritte fest
und legte ein neues Lied in meinen Mund, einen Lobpreis für unseren Gott. Viele sehen es und haben Ehrfurcht und vertrauen auf JHWH.
Glücklich der Mann, der JHWH als seine Sicherheit einsetzt und sich nicht Frevlern zuwendet und Ketzern der Lüge.
Zahlreich machst Du, JHWH, mein Gott, Deine Wunder und Deine Pläne für uns, es gibt nichts mit Dir zu vergleichen; ich erzähle und ich rede, vom Aufzählen werden sie immer mehr.
Schlachtopfer und Opfergabe gefallen Dir nicht: Ohren gräbst Du mir. Brandopfer und Sühnopfer verlangst Du nicht.
Dann sage ich: Ich komme. In der Schriftrolle steht es für mich geschrieben:
Mir gefällt zu tun, was Dir gefällt, mein Gott, und Deine Tora (ist) in meinem Inneren.
Ich verkünde Recht in großer Versammlung, siehe, da halte ich meine Lippen nicht zurück, JHWH, Du merkst es.
Deine Gerechtigkeit verberge ich nicht in meinem Herzen, Deine Treue und Deine Hilfe spreche ich aus, ich verschweige der großen Versammlung Deine Liebe und Wahrheit nicht.

Du, JHWH, hältst Dein Erbarmen vor mir nicht zurück, Deine Liebe und Deine Wahrheit bewahren mich immer.
Denn unzählige Übel hatten mich eingekreist, meine Sünden mich eingeholt, und ich konnte nicht sehen, sie waren mehr als die Haare meines Hauptes, und mein Mut hatte mich verlassen.
Lass es Dir gefallen, JHWH, mich zu retten, JHWH, eile mir zur Hilfe!
Es schämen sich und erröten allesamt die danach trachteten, mein Leben zu vernichten, es weichen zurück und werden zuschanden die mein Übel wollten.
Es erstarren aufgrund ihrer Beschämung die zu mir sagten: haha!
Es freuen sich und frohlocken in Dir alle, die Dich suchen. Immer sagen die, die Deine Hilfe lieben: „Groß ist JHWH".
Und (bin) ich demütig und elend, sorgt mein Herr für mich. Du (bist) mein Beistand und mein Retter, mein Gott, du zögerst nicht.

Liebe Gemeinde,
in großer Versammlung wird dieser Psalm gesungen. Die Erfahrung von Rettung, die er wiedergibt, geht alle etwas an, sie ist nicht die Privatsache eines Einzelnen. Gottes Tun ist öffentlich.

Wir wissen nicht genau, was den Psalmisten so heruntergezogen hat, wie er es beschreibt. Denn das steht hier nicht im Vordergrund. Im Vordergrund steht die Rettung und was aus ihr folgt, die erfüllte Hoffnung.

In welcher Not der Psalmist steckte wird angehängt, es steht im letzten Drittel des Psalms, auf dem verteilten Textblatt auf der Rückseite, und gibt fast wörtlich einen anderen, den 70. Psalm wieder. Manche wollen deshalb diesen Teil hier abtrennen. Ich denke aber, der Sänger des 40. Psalms war es seinen Zuhörern schuldig, wenigstens anzudeuten, wie er in die große Not geraten war, und das kann er mit dem angehängten 70. Psalm. Wir lassen ihn also hier stehen.

Er beschränkt sich auf Andeutungen wie das im ganzen Psalter bei solchen Beschreibungen üblich ist. Sie sind nie richtig konkret, und das hat einen guten Grund: Jeder und jede, die sich in einer auch nur annähernd ähnlichen Situation befinden, sollen den Psalm für sich selber übernehmen können, sollen ihre eigenen konkreten Erfahrungen hier hineinhören oder –lesen können. Auch wir.

Die, die dem Psalmisten nach dem Leben trachteten, die ihm Übles wollten, die ihm hämisch haha! entgegen riefen, fanden dazu offenbar Anlass in seinem eigenen Verhalten. Die Übel, die ihn umkreist hatten, waren die Folgen seiner eigenen Sünden, die ihn da einholen, wie es in solchen Situationen sein kann: ein Fehler gebiert den nächsten, man verstrickt sich immer mehr, man wird immer mutloser, und ein Unglück folgt auf das andere. Teufelskreis nennt man so etwas.

Es bleibt eine letzte Hoffnung: Der Hilfeschrei zu Gott, zu dem, der aus dem Tohuwabohu, aus dem Chaos, geordnete Welten zu erschaffen vermag. Und erschaffen will. Nicht nur im Großen, auch im Kleinen. Deshalb erlaubt und ermöglicht er uns Neuanfänge nach dem Desaster. Deshalb erfahren wir seine Vergebung, die aus dem Teufelskreis befreit.

Wie gesagt, wir wissen nicht, was mit dem Psalmsänger konkret los war; er redet in einer Bildsprache, die wir alle unterschiedlich füllen können; die aber trotzdem deutlich ist. Von einer Grube des Lärms spricht er. Ich denke, wir können uns da eine leere Zisterne vorstellen, eine in das Erdreich hinein gebaute oder in den Felsen hinein gehauene große Höhlung mit nur einer kleinen Öffnung oben, in die man bei Regen das Regenwasser leitet, um es in der Zisterne zu horten. Aber oft waren solche Zisternen leer und konnten dann einem anderen Zweck dienen. Wir wissen das aus der Geschichte von Joseph und seinen Brüdern: Man kann Gefangene darin aufbewahren bis man weiß, was mit ihnen geschehen soll. Und wenn da nicht nur einer aufbewahrt wird, sondern eine Vielzahl, dann gibt es in der Grube ein Durcheinander, jeder will irgendwie das Loch oben erreichen, ans Licht gelangen, und dabei tritt einer den anderen nieder. Ein Bild, das man auch ökonomisch neoliberal auslegen kann: Jeder versucht auf Kosten der anderen nach oben zu gelangen, je mehr Zusammengetretene ich unter mir habe, desto näher komme ich dem Licht – und erreiche es doch nicht, wenn mir nicht jemand von oben ein Seil zuwirft und mich daran hochzieht.

Das zweite Bild kann mit dem ersten zusammenhängen: In einer leeren Zisterne sammelt sich am Grund Schlamm an, der, zumal wenn viele Gefangene länger da drin sind, mit Kot und Urin vermischt ist: Das meint der Dreck- oder Kotschlamm. Wenn Gott uns aus unserem Chaos zieht, holt er uns von unter dem Fels auf den Fels, macht unsere Schritte, mit denen wir vorher im Schlamm ausrutschten und in ihm zu versinken drohten, fest. „"…aber du hast uns herausgeführt ins Weite." benennt der 66. Psalm eine solche Befreiung.

Wie reagiert der Befreite? Er lobt Gott, sollte man denken; so wie Mose und die Israeliten, als sie aus dem Schilfmeer gerettet waren, einen großen Lobgesang anstimmten. Aber stimmten wirklich sie ihn an? Nach diesem Psalm ist es Gott selber, der den Lobgesang dem Sänger in den Mund legt, wie im 8. Psalm, wo es (nach meiner Übersetzung) heißt: „Aus Kinder- und Säuglingsmund begründest du Macht …"". Gott schafft sich sein Lob selber – durch Israel, das er aus Ägypten befreit, durch die, denen er aus der Grube ins Leben verhilft, durch uns, wenn wir nach vielen Fehlern und Irrungen auf seinen Weg zurückfinden. Denn nicht das Hören des Lobliedes, sondern das Sehen dessen, was das Loblied hervorruft, schafft Ehrfurcht vor Gott und Vertrauen auf ihn: nicht das Singen vom Leben, sondern das Leben, das Singen macht.

Und dieses Leben scheint damit zu beginnen, dass man in Gott seine Sicherheit festmacht, dass man sich nicht denen zuwendet, die politische und ökonomische Patentrezepte anpreisen, die Heilsideologien verkünden oder auch religiöse, auch scheinbar christliche Heilswege, für die man am Eingang zum Saal oder zur Kapelle das eigene Denken abgeben muss.

Von Gottes Wundern und Plänen will der Psalmist erzählen – und kommt da zwangsläufig vom Hundertsten ins Tausendste. Die Wunder sind das, was schwer zu begreifen und eigentlich – jedenfalls für Sterbliche – gar nicht machbar ist. So etwas finden wir in der Schöpfung vor, so etwas erlebte das Volk Israel, so etwas erfahren viele Menschen im eigenen Leben; und dass das nicht nur schon geschaffene Dinge oder geschichtliche Ereignisse sind, wird gesagt, wenn es auch um Gottes Pläne geht – was ist Ihm nicht alles noch zuzutrauen! Und wo ist Er nicht am Werk!

Angesichts dessen nimmt der Psalmist die prophetische Kritik am Opferkult auf: ein solcher Gott braucht keine Opfer auf dem Altar, sondern Hörer seines Wortes: Ohren gräbst du mir. Auf dem Opferaltar geschieht nichts Neues, sondern wird immer nur das Alte wiederholt. Im Hören aber und auch im Lesen wird Neues erfahren, wird Gott in seinem Wort unter uns lebendig. Der Psalmist kommt zu seinem Gott, aber nicht zum Altar, sondern zur Schriftrolle, zum Buch der Bücher, worin auch ganz speziell für ihn steht, was Sache ist.

Das ist kein einfaches Befolgen dessen, was da steht, kein Buchstabendienst, sondern Lust, und lustvoll ist es, zu tun, was Gott gefällt, zu tun auch, was Gott zu tun gefällt. Indem er Tora hört und liest verinnerlicht er sie, sie wird in ihm lebendig, beflügelt seine Phantasie, bringt in zu Neuem – und macht ihn singen und reden, hier, in der großen Versammlung.

Wovon redet er, muss er reden? In meiner Übersetzung sind es: Recht, Gerechtigkeit, Treue, Hilfe, Liebe, Wahrheit, und alles gipfelt im Erbarmen. Das Recht, *ßädäq*, ist das richtige Tun und Reden unsererseits und gleichzeitig Gottes Gerechtigkeit, in der Er zurechtbringt, was aus dem Lot geraten ist: Den Sünder zur Raison, den Traurigen zur Tröstung, den Armen zu Wohlstand, den Gefangenen zur Freiheit. Hier geht es um das gemeinsame Tun von Gott und uns. Davon abgeleitet ist die Gerechtigkeit, *ßᵉdaqa*, die auch noch den Rechtsanspruch beinhaltet und die Gerechtigkeit vor Gericht – nicht um zu strafen, sondern um zurechtzubringen. Das alles geschieht in Treue, *ämunah*, der Verlässlichkeit, die die erfahren, die sich auf Ihn als Sicherheit stützen. Die erfahren seine Hilfe, *tᵉschuah*, wie das Volk Israel, als es in Ägypten in Not war und unter großen Wundern befreit wurde, wie es immer wieder Menschen erfahren, auch der Psalmist erfahren hat. All das hat Platz in Gottes umfassender Liebe, *chäsäd*, die auch Ausdruck seiner Bundestreue ist, in der Er an seinem Volk festhält, auch wenn es Ihn ablehnt (davon wird hier in zwei Wochen zu Hosea 11 die Rede sein). Und seine Wahrheit, *ämät*, bestätigt es.

Wie nah der Psalmist seinen Gott im Verhältnis zu sich empfindet, wird letztlich deutlich in dem Wort, das hier für Erbarmen steht: *rächäm*. Das ist nicht nur die Gnade, die von oben gewährt wird. Das selbe Wort bezeichnet auch den Mutterleib und die Eingeweide; auf uns übertragen könnte man sagen, es ist Erbarmen nicht aus dem Verstand heraus, sondern aus dem Bauch, ohne Berechnung, ohne Gedanken an die Konsequenzen.

Das alles verkündet der Psalmist in großer Gemeinde, nicht um sich und seine persönliche Rettung herauszustellen, sondern um ihr zu sagen, was Gott nicht nur jedem Einzelnen ist, sondern auch der Gesamtheit des Volkes Israel. Gottes Verhältnis zum einzelnen Individuum ist immer nur ein kleiner Teilaspekt und für den Einzelnen Teilhabe an seinem Verhältnis zu Israel, und, so dürfen wir hoffen, an seinem Verhältnis auch zu uns, wenn wir uns denn zu denen zählen, die durch Abraham Gesegnete sind, als in Jesus Christus neben Israel Berufene.

Dann dürfen auch wir uns freuen und in Gott frohlocken und mit dem Psalmisten das neue Lied singen: „Groß ist der Ewige!" und demütig um seinen Beistand und seine Rettung bitten und darauf hoffen. Amen.

Lied 286, 1 – 4: Singt, singt dem Herren neue Lieder...

(Gebet nach der Predigt:) Herr, sei uns gesegnet für die Liebe, in der Du uns immer neu Zukunft eröffnest, Zukunft für uns, Zukunft für die Welt, die Du geschaffen hast und weiter schaffst, Zukunft auch über sie und uns selbst hinaus. Lass sie uns ergreifen und schon zur Gegenwart machen, indem wir auf Deinen Willen hören und mit Dir dem Chaos dieser Welt entgegentreten. So lehre und die Wege, wie Menschen und Nationen ohne Krieg zusammenleben und Gerechtigkeit schaffen können. Lehre uns die Wege, wie wir die Teilhabe am gestaltenden Tun in unserer Gesellschaft und den damit erwirtschafteten Reichtum gerecht verteilen können. Lehre uns, in ihr deutlich zu machen, dass es einer Gemeinschaft und einer Gesellschaft immer nur so gut geht wie dem Ärmsten in ihr. Herr, wir bitten Dich für unsere Kranken, dass sie Geduld zur Heilung finden, und wenn nicht, in Deinen Frieden einschlafen können. Wir bitten Dich für die, denen der Tod den nächsten Menschen genommen hat. Stütze sie in der Trauer und lass sie in ihrer schweren Situation neuen Mut finden. Wir bitten Dich für unsere und allen anderen Christengemeinden, dass sie ihrem Auftrag, Deine Liebe der Welt mitzuteilen, gerecht werden. Wir bitten Dich für Dein Volk Israel, dass es in der Diaspora und im eigenen Land Frieden findet, damit die Welt Frieden lernen kann. Wir bitten Dich mit den Worten, die Jesus uns zu beten gelehrt hat: Unser Vater im Himmel...

Predigt zu Psalm 42 am 21. Januar 1996
im Coliny-Kirchsaal Berlin-Halensee

Lieder vor der Predigt: 366, 1-4: Wenn wir in höchsten Nöten sein..., Psalm 5: Erbarmer, wenn ich zu Dir flehte..., 242, 1-3: Herr, nun selbst den Wagen halt...

Weitere Texte: Johannes 3, 16., die Zehn Gebot, Markus 10, 35-40. und Artikel 1 und 16 aus der Confession de Foi.

(Der Gottesdienst stand unter dem Eindruck vom ungeklärten Tod des 20jährigen Lars Day, Sohn des Pfarrers der Gemeinde Thomas Day und seiner Frau Helga)

Der Predigttext: Psalm 42 (Zürcher Bibel von 1931)

Ein Lied der Korachiten..
Wie der Hirsch lechzt an versiegten Bächen, so lechzt meine Seele, o Gott, nach dir!
Meine Seele dürstet nach Gott, dem lebendigen Gott. Wann werde ich kommen und Gottes Angesicht schauen?
Tränen sind meine Speise geworden bei Tag und Nacht, da man täglich zu mir sagt: „Wo ist nun dein Gott?"
Dessen muss ich gedenken mit überquellendem Herzen, wie ich wallte in der Schar der Edlen zum Haus Gottes mit lautem Frohlocken und Danken in feiernder Menge.
Was bist du so gebeugt, meine Seele, und so unruhig in mir? Harre auf Gott; denn ich werde ihm noch danken, ihm, meinem Helfer und meinen Gott!
Meine Seele ist gebeugt in mir, darum gedenke ich dein vom Lande des Jordan her und des Hermon, vom Berge Mizar.
Flut ruft der Flut beim Tosen deiner Wasserstürze; all deine Wogen gehen über mich hin.
Des Tags seufze ich: es sende der HERR seine Gnade! und des Nachts singe ich ihm und flehe zum lebendigen Gott.
Ich spreche zu Gott, meinem Fels: Warum hast du meiner vergessen? Warum muss ich trauernd einhergehen, da der Feind mich bedrängt?

Wie in meinen Gebeinen ist mir der Hohn meiner Dränger, die täglich zu mir sagen: "Wo ist nun dein Gott?"
Was bist du so gebeugt, meine Seele, und so unruhig in mir? Harre auf Gott, denn ich werde ihm noch danken, ihm, meinem Helfer und meinen Gott.

Liebe Gemeinde,
    es gibt Zeiten und Situationen, in denen Glauben, Gott, Trost und Zuversicht nur als Mangel erfahrbar sind: Wir wissen, wir bräuchten das, sehnen uns, schreien danach - aber da ist nichts: Schweigen, Leere, keine Antwort auf das Unglück, die Ungerechtigkeit, die einen trifft; auf das Misslingen, die Niedergeschlagenheit, die Depression; auf die alte Frage: Warum gerade ich?
    Das ist die Ausgangssituation auch dieses Psalms: Der verzehrende Durst nach Gotteserfahrung, „wie der Hirsch lechzt an versiegten Bächen, also lechzt meine Seele, o Gott, nach Dir!".
    Wir kennen diese Art von Trockenheit, die hier beschrieben, wird in unserer Natur nicht; hierzulande bleibt ein Rinnsal auch in den trockensten Sommern, und zu einem See oder anderen wasserführenden Gewässer ist es nicht allzu weit.
    Anders in Israel, wo die Nebenflüsse, oder besser: -bäche des Jordan in der Sommertrockenheit völlig versiegen können und auch keine Pfütze übrig bleibt. Die Tiere erinnern sich, wo sie einst das lebensnotwendige Wasser einst fanden - und da ist nichts.
    So empfindet der Psalmsänger seine Lage in einem ersten Bild: nichts braucht er in seinem Leiden dringender als die Nähe Gottes - und nichts ist ferner als sie. Seine Seele verdorrt, verdurstet im Leid.
    Von Leiden war auch vorhin in der Lesung aus dem Markusevangelium die Rede, allerdings recht anders. Da redet Jesus von einem Kelch, den er trinken muss und von einer Taufe, mit der er getauft werden muss, und meint damit seinen bevorstehenden Tod am Kreuz. Und beides verheißt er auch seinen Jüngern, die ihn nach ganz etwas anderem, nämlich nach ihrer Rolle in der himmlischen Herrlichkeit, gefragt hatten. Über die bekommen sie keine sichere Auskunft. Sicher ist nur das Leiden. Und doch trifft diese Antwort ihr Frage, die ja im Grunde die Frage nach der fortbestehenden

Gemeinschaft mit Jesus war. Und die wird ihnen zugesagt, aber nicht als himmlische Herrlichkeit, sondern als Gemeinschaft im Leiden.

Ist das denn die einzig mögliche Gemeinschaft mit Gott ? Sicher nicht. Aber vielleicht ist die Gemeinschaft mit Gott im Leiden unvermeidbar auf dem Weg zu anderer Gemeinschaft mit ihm. Gemeinschaft mit Gott kann nämlich nicht an den Leiden und den Leidenden in der Welt **vorbei** erlebt werden, und auch nicht an Gottes eigenem Leiden an dieser Welt. Um dieses Leidens willen stiftet Gott Gemeinschaft, um aus dem Leid in eine andere, in seine Zukunft zu führen.

Dieses Zieles bleibt sich der Psalmist in all seinem Elend, in seiner jetzt empfundenen Gottferne, bewusst. Er ist sich dessen sogar sicher. Und nur damit hält er die gegenwärtige Depression auch aus. Nicht sicher ist er sich hingegen des Weges, der da herausführt.

Im Psalm bleibt undeutlich, was ihn eigentlich so belastet. Von Feinden ist die Rede, aber auch von Fraß in den Gebeinen; von Gott vergessen fühlt er sich. Ich meine, diese Undeutlichkeit ist Absicht; sie lädt dazu ein, dass Menschen, die sich in ganz unterschiedlichen Situationen befinden, einstimmen können in diese Klage: „Meine Seele dürstet nach Gott, dem lebendige Gott". Auch wir heute. Was unter uns, was für die Familie Day geschehen ist, stürzt auch mich in diese Ratlosigkeit, die fragt: „Wo ist nun dein Gott ?". Hier finde ich ihn nicht. Und weiß dabei, dass solches und ähnliches tausendfach geschieht, dass sich immer wieder und überall diese Frage stellt: „Wo ist nun dein Gott ?".

Weil unser Psalm ein Psalm für ganz unterschiedliche Situationen ist, kann er auch ganz verschiedene, sich sogar widersprechende Bilder gebrauchen: Einmal der an ausgetrockneten Wasserbächen verdurstende Hirsch, dann aber die Wasserfluten, „Flut ruft der Flut beim Tosen der Wasserstürze, denn Deine Wellen und Wogen gehen über mich hin."

Beide Bilder stehen für Depressionen, und der „Hohn meiner Dränger" kann sowohl Auslöser als Teil davon sein. In ausweglose Niedergeschlagenheit kann der Psalmist sein gesellschaftliches Umfeld nicht anders als lieblos, ihn verhöhnend und feindlich empfinden. Die, die anscheinend ohne Gott zurechtkommen, stürzen ihn noch tiefer in sein Gefühl der Gottverlassenheit.

Um ein Gefühl der Gottverlassenheit bewusst zu erleben, muss vorher eine Erfahrung der Gottesnähe gestanden haben. Bewusst vermissen kann man nur, was man kennt.

Der Psalmist kennt: Er erinnert sich an Gottesdienste, in denen ihm Gott nahe war: „Dessen muss ich gedenken mit überquellendem Herzen, wie ich wandelte in der Schar der Edlen zum Hause Gottes, mit lautem Frohlocken und Danken in der feiernden Menge." Ja, da war etwas, und da muss doch weiter und wieder diese Möglichkeit sein: die Gemeinde, in der wir Gottes Gemeinschaft erleben.

Dieses Erleben ist dem Psalmisten momentan versagt. Das einzige Konkrete, das wir über seine Situation erfahren, ist der Ort: das Land der Jordanquellen, das Hermongebirge, der Berg Mizar. Das liegt heute im Libanon, von Jerusalem 150 Kilometer Luftlinie entfernt, von Damaskus nur 40. Es war einst das Stammesgebiet von Dan, und nie ein rein israelitisches Siedlungsgebiet. Hier lebte Israel immer verstreut unter Baalsanhängern. Sind sie es, die den Elenden, der offenbar nicht in der Lage ist, nach Jerusalem zu wallfahrten, höhnen mit der Frage: „Wo ist nun dein Gott?" ?

Was kann er dem entgegensetzen? Gott bleibt unsichtbar, unvermittelbar, unerfahrbar. Jedenfalls jetzt, in der Situation, in der sich der Psalmist befindet - und vielleicht auch wir.

Und doch weiß er weiter. Zwei mal im Psalm wiederholt sich der Vers: „Was bist du so gebeugt, meine Seele, und so unruhig in mir? Harre auf Gott; denn ich werde ihm noch danken, ihm, meinem Helfer und meinem Gott !"

Auch wenn die Gegenwart hoffnungslos ist - er weiß: Die Zukunft ist es nicht. Dem Gott, der heute scheinbar tot ist, der uns heute scheinbar verlassen hat, der uns heute scheinbar in auswegloser Trauer versinken lässt, dem gehört doch das Morgen. Wann dieses Morgen zum heute wird, kann nicht gesagt werden. Aber **dass** es so ist, das muss gesagt werden.

Wenigstens einmal, wahrscheinlich öfter, hat der Psalmist die Gottesgemeinschaft im gemeinsamen Gottesdienst Israels erfahren, so wie wir sie auch hier im gemeinsamen Hören auf Gottes Wort zu erfahren suchen: dass Gott, allem anderen Anschein zum Trotz, **nicht** tot ist. Und das ist auch in der tiefen Not, in der er steckt, das Angeld auf eine andere Zukunft. Von daher kann er seiner Seele, das heißt: sich selber, Trost zusprechen: Es kommt der Zeitpunkt, an dem du Gott, von dem du dich heute und vielleicht noch länger verlassen fühlst, danken wirst, danken für etwas, das du heute noch gar nicht kennst, oder das du gerade heute nicht kennst, das aber - die Erinnerung weiß es! - dennoch **ist**. „Harre auf Gott!"

Hier geht es um Geduld, um Geduld im Leiden. Das heißt nicht: widerspruchsloses Hinnehmen dessen, was dieses Leiden verursacht. Davon ist hier nicht die Rede. Das heißt auch nicht, das, was das Leid verursacht, verdrängen - so zu tun, als wäre es nicht. Doch, es **ist**. Der sinnlose Tod, das viel zu früh abgebrochene Leben, die menschliche Grausamkeit: sie **sind**. Wir leben mit ihnen und vermögen in ihnen Gott nicht zu erkennen. Warum hat er unser vergessen? Warum müssen wir trauernd einhergehen ?

Ich denke: Weil auch Gott hier trauernd einhergeht. Ich denke nicht, dass er unser vergessen hat. Aber er ist hier und jetzt nicht der ganz Andere, als den wir ihn suchen, der an unserer Stelle alle Probleme löst. Er ist mit uns verzweifelt, mit uns ratlos, mit uns leer.

Und dass er das **mit** uns ist, ist auch die Hoffnung, dass er uns wieder herausführen wird. Das ist nicht durch fromme Sprüche erzwingbar und auch nicht durch verzweifeltes Gebet. Aber es wird erlebbar sein. Dann, wenn es so weit ist. „Harre auf Gott, meine Seele, denn ich werde ihm noch danken, ihm, meinem Helfer und meinem Gott." Das muss nicht gleich sein. Das muss auch noch nicht morgen sein. Aber es wird sein. Amen

Lied: Psalm 42: Wie der Hirsch nach frischer Quelle...

(Gebet:) Herr, wir wollen Dich als unseren Heiland loben, ewig sollst Du unter uns erhoben sein ! Heute fällt uns das schwer, denn wir sind zerschlagen und ratlos. Und da wir nicht helfen können, bitten wir Dich um Hilfe. Wir bitten Dich um Hilfe für Helga, Thomas und Lara Day und für alle Freundinnen und Freunde und Verwandten von Lars. Hilf ihnen zu tragen, was an Last auf sie gelegt wurde. Begleite sie und uns in der Trauer und lass niemanden daran zerbrechen. Auch wenn wir Dich zeitweise nicht verspüren, bleibst Du doch der Ewige für uns. Herr, nimm es nicht als Vermessenheit, dass wir diese eine Not in den Vordergrund stellen; aber an ihr erfahren wir nun selbst, was so viele andere Menschen trifft. Und deshalb bitten wir ebenso für sie, für alle, die von Toden und Gewalt verletzt und zerstört sind: Sei bei ihnen; lass diese Erfahrungen nichts Letztes sein, sondern Anfang neuer Wege mit Dir und zu Dir. Nur auf Dich hoffen und vertrauen wir und legen alles Hoffen und Vertrauen in die Worte Jesu, mit denen wir gemeinsam zu Dir beten: Unser Vater im Himmel...

Predigt zu Psalm 46 am Ewigkeitssonntag, 25. November 2001, in der Französischen Friedrichstadtkirche zu Berlin

Lieder im Gottesdienst vor der Predigt waren (EG): 282, 1-3. 6: Wie lieblich schön, Herr Zebaoth..., 275, 1-4. 6: In dich hab ich gehoffet, Herr..., und 450, 1-5: Morgenglanz der Ewigkeit....

Weitere Texte waren: Lukas 12, 35., die Zehn Gebote, Jesaja 54, 10., Johannes 3, 16 – 21. und Frage und Antwort 58 des Heidelberger Katechismus.

Der Predigttext Psalm 46

[Dem Dirigenten: für die Kinder Korachs nach „die Mädchen", ein Lied.]
Gott ist uns Zuflucht und Dauer, eine Hilfe, in Nöten sehr bewährt.
Drum fürchten wir nicht das Schwanken der Erde und das Taumeln der Berge ins Herz der Meere.
Es tosen, es schäumen seine Wasser, die Berge erbeben bei seiner Flut.
[Sälah]
Ein Strom: seine Kanäle erfreuen die Stadt Gottes, heilige Wohnung des Höchsten.
Gott ist in ihrem Inneren; sie wankt nicht. Ihr hilft Gott bei Anbruch des Morgens.
Es tosen Völker, wanken Königreiche; er legt's in seine Stimme: die Erde bebt.
JHWH der Heerscharen ist mit uns, ein Fels für uns der Gott Jakobs!
[Sälah]
Geht-seht die Taten JHWHs, der Entsetzen aufrichtet auf Erden.
Er schafft Kriege weg bis ans Ende der Erde, den Bogen zerbricht er und macht stumpf den Speer, die Wagen verbrennt er im Feuer.
«Lasst los und erkennt, dass ich Gott bin, ich bin erhaben bei den Völkern, bin erhaben auf Erden»!
JHWH der Heerscharen ist mit uns, ein Fels für uns der Gott Jakobs!
[Sälah]

Liebe Gemeinde,

„Ewigkeitssonntag" heißt dieser Tag im kirchlichen Sprachgebrauch, und daran wollen wir festhalten, um nicht dem Tod hörig zu werden, den ein Totensonntag betont.

„Ewigkeit" ist nicht Tod, sondern die andere Wirklichkeit, die den Tod aufhebt, ihn zunichte macht. Wir begehen diesen Tag an einem Sonntag, dem Tag der Auferstehung Jesu Christi von den Toten, und nicht an einem Freitag, dem Tag, an dem der Tod meinte, über ihn triumphieren zu können. Und wir bekennen Christus als den, der uns und allen, die wir aus diesem Leben verloren haben, den Weg durch den Tod hindurch in die andere Wirklichkeit vorangegangen ist, in die Wirklichkeit, die wir „Ewigkeit" nennen.

Die eine Wirklichkeit – die andere Wirklichkeit: Da steckt eine in diesem Leben nicht aufzulösende Spannung drin. Diese Spannung auszuhalten, sie vielleicht sogar als Lebensimpuls zu erkennen, soll uns nun der 46. Psalm helfen.

Von Gott ist in diesem Psalm die Rede, und von einer Erfahrung, die die, die den Psalm singen, mit Gott gemacht haben: Er ist Zuflucht und Dauer und eine Hilfe, die sich in Nöten bewährt hat. Woran ist da zu denken?

Im Synagogengottesdienst wird dieser Psalm zusammen mit der Torerzählung von der Sendung Moses zu Israel in Ägypten und zum Pharao gebetet, zu der auch die ersten ägyptischen Plagen gehören. Als prophetischer Text tritt eine Gerichtsankündigung über Ägypten aus dem Buch Ezechiel dazu. Das heißt: Die Hilfe, die sich in Nöten sehr bewährt hat, ist zum Beispiel die Befreiung Israels aus der Sklaverei in Ägypten. Aber nicht nur das; „Zuflucht" ist ein sicherer Raum, in dem man Geborgenheit findet vor allen Bedrängnissen, und das nicht nur vorübergehend: „Dauer" gehört dazu, eine große Verlässlichkeit, die sich nach israelitischen Denken durch alle Zeiten über die Generationen erstreckt.

Das ist die erste Feststellung und die Grundlage, auf der alles Weitere im Psalm beruht: geschichtliche Erfahrung mit Gott, eine Erfahrung, die hier, in dieser Welt, in unserer Wirklichkeit, gemacht wird – und die schon hindeutet auf die andere, auf Gottes Wirklichkeit, die die unsere umfasst.

Diese geschichtlich gemachten Erfahrungen mit dem Ewigen bringen die Beterinnen und Beter des Psalms nun dazu, weit über die Geschichte hinaus zu denken. Das „Schwanken" der Erde ist nicht nur ein Erdbeben, auch kein ganz großes, sondern eine Schieflage der ganzen Welt, die nach dem Weltbild des Psalters eine große Scheibe ist, die auf der Urflut schwimmt. Die kommt insgesamt so ins Wanken, dass Berge von dieser Scheibe herunter in die Urflut taumeln, ins Herz aller Meere, unter großem Getöse und mit einer Flutwelle, die die verbleibenden Berge erbeben lässt.

Auch das, so der Psalm, kann kommen. Aber sogar das macht nicht die Erfahrung von Sicherheit und Geborgenheit in Gott zunichte. Das sollen wir sehr genau wahrnehmen: auch die an sich unvorstellbare Katastrophe, denn um die handelt es sich hier, hebt nicht die Sicherheit auf, die die Seinen bei Gott finden. Dabei ist hier nicht die Frage, ob sie das Unvorstellbare überleben oder nicht. Die Geborgenheit in Gott ist davon nicht betroffen. Ich denke, dass wir das im Sinn behalten müssen auch angesichts der Ereignisse unserer Zeit mit allen Attentaten und Kriegen: Der Schutz, die Geborgenheit in Gott, liegt auf einem anderen Niveau, in der anderen Wirklichkeit, die aber schon in unsere hinein wirkt.

Dieser Schutz wird nun in ein Bild gefasst: Das Bild von der Gottesstadt, die eindeutig nicht identisch ist mit dem realen Jerusalem. In dessen Nähe gibt es keinen Strom und die Stadt ist viel zu bergig, um darin Kanäle anzulegen. Und doch ist es auch Jerusalem: Gottes heiliger Ort, seine heilsame Anwesenheit, die nicht ins Wanken geraten kann, denn „ihr hilft Gott bei Anbruch des Morgens" – „Morgenglanz der Ewigkeit ...". In ihr dürfen wir die wissen, die uns gestorben sind, und da das himmlische und das irdische Jerusalem nicht ganz zu trennen sind, sind wir von ihnen auch nicht ganz getrennt.

Das ist Paradies und deshalb nur in Bildern zu fassen, weil seine Wirklichkeit weit über unser Vorstellungsvermögen hinausgeht, wie wir aus dem Katechismus gehört haben: „...die kein Auge gesehen und kein Ohr gehört und die in keines Menschen Herz gekommen ist ...".

Das Nächste aber geht durchaus in unser Vorstellungsvermögen hinein: die tosenden Völker und wankenden Königreiche sind Teil unserer Wirklichkeit, wie wir sie gerade in dieser Zeit wieder vorgeführt bekommen, und nicht nur das: unsere Regierung versucht ja, in unserem Namen mit zu tosen. Das ist Geschichte wie gehabt, nicht wie vor 60 Jahren, das sicher nicht, aber doch wie vor 100 Jahren, als unbedingt auch deutsche Truppen in China mitmischen sollten und es dann auch taten.

Gott verhindert es nicht. Aber er kommentiert es, wörtlich: „er legt's in seine Stimme", er „donnert drein", wie es die meisten übersetzen. Ich denke, man soll bei der wörtlichen Übersetzung bleiben, denn Gott spricht nur selten direkt; vielmehr macht er Menschen zu Trägern seiner Stimme, seine Propheten, und auch die Kirche hat den prophetischen Auftrag, Gottes Stimme klar und vernehmlich zu machen. Dass davon die Erde nicht erbebt liegt nicht an Gott, sondern zum Beispiel an Synoden, die sich auf kein klares Wort zu Krieg und Frieden einigen können – wie in den letzten Wochen die der Evangelischen Kirche in Deutschland und unsere Landessynode. Und wenn ein Einzelner wie Rolf Wischnath es doch ausspricht, gerät er ins Abseits.

Die den Psalm singen, müssen nirgendwo militärisch mitmischen; mit ihnen ist der Herr der Heerscharen, der himmlischen, die keine irdische Entsprechung brauchen, er, der Gott Jakobs, ist der sichere Grund in aller Unsicherheit der Geschichte.

Aber diese Geschichte geht sie an, denn sie ist bei allem Übel und aller Gottlosigkeit ihrer Akteure nicht gottverlassen. Er greift ein am Ende der Geschichte. Und es wird Entsetzen auslösen, wenn er eingreifen muss, um seine Schöpfung zu retten, wenn er Gericht halten muss, um wieder richtig zu machen, was so schrecklich und die so schrecklich aus den Bahnen gelaufen sind. Das wird das Ende der Kriege sein, die am Ende der Erde von ihr weg in die Urflut stürzen, das wird das Ende aller Rüstung sein. Ein schreckliches Ende, wenn die Menschheit nicht los lässt von ihrem schrecklichen Tun. Ein erlösendes Ende, wenn sie den erkennt, der der Erhabene ist, dessen Weisung Leben ist.

Und wer ihn erkennt und an ihn sich hält, darf einstimmen in den Kehrvers: „Der HERR der Heerscharen ist mit uns, ein Fels für uns der Gott Jakobs!" Jetzt schon, und in der Ewigkeit. Amen.

Lied 153, 1-5: Der Himmel, der ist

(Gebet nach der Predigt:) Herr, wir danken dir und wir preisen dich, dass du uns Zukunft über uns selber hinaus eröffnest. Lass uns bewusst auf diese Zukunft zugehen, die schon Deine Gegenwart ist, lass sie uns finden und ergreifen. Lass uns das nicht so tun, dass wir die Augen verschließen vor den Schrecken und Nöten der Zeit; hilf uns, nicht nur untätig darauf zu warten, dass andere Krieg und Hunger und Gewalt und Gleichgültigkeit in der Welt bekämpfen und überwinden, sondern beziehe uns ein in Dein Handeln, das Krieg beendet. Herr, wir bitten Dich für alle Notleidenden, für die von Gewalt Betroffenen, für alle, die unter Krieg und Kriegsdrohung leiden, für alle, die der Freiheit beraubt sind, für alle, die hungern müssen. Erweise Dich bald als der, der eine andere Wirklichkeit auch für diese Welt bereit hält. Herr, wir bitten Dich für unsere Kranken und Einsamen, für alle, die in ihrem Leben ziellos sind und verzweifelt, für alle, die über die Trauer um einen wichtigen Menschen nicht hinwegkommen: Hilf Du ihnen heraus, auch durch uns. Wir bitten Dich auch für die Starken, dass sie ihre Kraft einsetzen für Frieden und Gerechtigkeit, für alle Liebenden, dass ihre Liebe über sie selbst hinaus wachse, für alle Frohgemuten, dass sie Trost und Hoffnung ausbreiten. Gemeinsam beten wir, wie wir es vom Herrn gelernt haben:

Unser Vater im Himmel...

Predigt zu Psalm 48 am 19. August 2001
im Coliny-Kirchsaal Berlin Halensee

Lieder im Gottesdienst vor der Predigt waren (EG): 452, 1 - 5 : Er weckt mich alle Morgen... , 275, 1 - 4: In Dich hab ich gehoffet Herr... und 282, 1 - 4: Wie lieblich schön, Herr Zebaoth...

Weitere Texte waren: Psalm 33,12., die zehn Gebote, Jesus Sirach 34,14-17., Offenbarung 21 (in Auswahl) und Frage und Antwort 21 des Heidelberger Katechismus.

Der Predigttext, Psalm 48 (Zürcher Bibel von 1931) wurde von der Gemeinde im Wechsel gelesen:

(Ein Lied. Ein Psalm der Korachiten.)
Groß ist und hoch zu preisen die Stadt unseres Gottes!
Sein heiliger Berg,schön und ragend, ist die Wonne der Welt, der Berg Zion hoch im Norden ist eines großen Königs Stadt .
Gott hat in ihren Palästen, als Hort sich kundgetan.
Denn siehe, Könige taten sich zusammen,
zogen heran insgesamt.
Sie sahen es und erstarrten, erschraken, flohen davon.
Zittern ergriff sie daselbst, Wehen wie eine Gebärende.
Durch den Oststurm zerschmetterst du Tarsisschiffe.
Wie wir es gehört, so haben wir es gesehen in der Stadt des HERRN der Heerscharen, in der   Stadt unseres Gottes: Gott lässt sie bestehen auf immer und ewig. (Sela)
Wir bedenken, Gott, deine Gnade,
    inmitten deines Tempels.
Wie dein Name, Gott, so geht dein Ruhm bis ans Ende der Erde.
    Deine Rechte ist voller Gerechtigkeit,
des freute sich der Zion, es frohlocken die Töchter Judas ob deines Gerichts.
Umkreist den Zion, umwandelt ihn und zählt seine Türme;
Beachtet sein Bollwerk, durchwandert seine Paläste, auf dass ihr erzählet dem künftigen   Geschlecht:
Dies ist der Herr, unser Gott, auf immer und ewig; er wird uns leiten.

Liebe Gemeinde,

„Israel-Sonntag" heißt nach der Herrnhuter Losung der heutige Sonntag; eigentlich hätte es der 29. Juli sein müssen, denn der traf in diesem Jahr mit dem Datum zusammen, das diesen Sonntag bestimmt: der 9. Aw nach dem jüdischen Kalender, der Tag, an dem zweimal der Jerusalemer Tempel zerstört und Israel aus seinem Land vertrieben wurde: im Jahr 586 vor unserer Zeitzählung durch die Babylonier, und im Jahr 70 unserer Zeitzählung durch die Römer. Beide male sah es so aus, als wäre es mit Israel nun endgültig zu Ende. Und beide male hat es sich erwiesen, dass dem nicht so ist, dass Gott vielmehr an der Erwählung seines Volkes festhält, auch wenn es unter die Völker verstreut wird.

Wenn wir heute hören, dass Gott Israel zu seinem Volk erwählt hat, kommen uns wahrscheinlich die Bilder dieser Tage vor Augen, wo palästinensische Selbstmordattentäter Israelis mit in den Tod reißen, wo israelische Panzer in Städte der Palästinenser eindringen, wo ein auf Frieden bedachter Außenminister vor seinem Regierungschef resigniert. Das ist das heutige Israel in seinem Land, das es nach über 1.800 Jahren wieder in Besitz genommen hat, ein Land, in dem es auch zuvor selten Frieden gehabt hatte, und auf dem doch Gottes Verheißung für Israel und durch Israel auch für uns liegt. Wir wissen, was da werden soll, und wagen kaum zu hoffen, dass es werden kann: Frieden, der sich von Jerusalem her ausbreitet auf die Welt, all dem zum Trotz, was sich heute dort abspielt.

Es ist nicht unsere Sache, moralisch zu beurteilen, was sich da heute tut. Wenn in Israel große Angst ums Überleben herrscht, dann wissen wir nur zu gut, wie sehr da die Erfahrungen mitspielen, die es unter deutscher Herrschaft gemacht hat. Wir wissen aber auch, dass Angst kein guter Ratgeber für politische Entscheidungen ist.

Es kann in dieser Predigt am Israelsonntag nicht darum gehen, die heutige Situation Israels zu analysieren. Sondern es soll darum gehen, die bleibende Verheißung zu bedenken, auf die unser Glauben hinzielt – und die an Israel nicht vorbei gehen kann, denn es ist und bleibt auserwählt, Träger dieser Verheißung zu sein.

Wenn es um die Verheißung geht, denken wir wohl zuerst an die Erzväter Abraham, Isaak und Jakob, besonders an Abraham, dem Gott als erstem zugeschworen hat, seinen Nachkommen das Land zu geben und aus seinem Namen Segen fließen zu lassen auf alle Völker.

Wenn wir die hebräische Bibel aufmerksam lesen, finden wir aber noch andere Schilderungen und Andeutungen von der Erwählung Israels durch Gott: „Als Israel jung war, gewann ich es lieb; aus Ägypten berief ich es als meinen Sohn.", so finden wir die Erwählung bei Hosea erwähnt, ohne jeden Hinweis auf die Erzväter, im Gegenteil: der einzige von Hosea erwähnte, Jakob, kommt bei ihm als Vater des Betrugs und der Lüge sehr schlecht weg.

Und beim selben Hosea finden wir noch weitere Berufungs- oder Erwählungsgeschichten: Israel als Findelkind in der Wüste! Und sogar - Israel als junges Rind im Kulturland, das Gott in Dienst nimmt, weil ihm sein schöner Hals gefällt.

Ich hole so weit aus, um deutlich zu machen, dass Israel eine Vielzahl von Bildern kennt, die Gottes Verhältnis zu ihm ausdrücken, nicht nur eine einzige Geschichte.

Und eine ganz besondere Ausdrucksweise dafür sind die Zionslieder in den Psalmen, von denen eins heute unser Predigttext ist, und deren Theologie von der Prophetie später aufgenommen wurde: Die Erwählung des Zion, des Berges und der Stadt des Herrn. Manchmal steht sie in Verbindung mit der Davidserwählung, einer weiteren Erwählungstradition, manchmal, wie hier, unabhängig von ihr.

Zion ist zunächst ein geographischer Begriff und bezeichnet die Anhöhe in Jerusalem, auf der einst der Tempel stand und heute die Omar-Moschee steht, die auch Felsendom genannt wird. Ein fester, definierter Ort.

Die Zionslieder aber setzen sich über diese Geographie großzügig hinweg. Im 46. Psalm liegt der Zion an zwei Strömen - von denen bei Jerusalem nun wirklich nichts zu finden ist - und hier wird er bezeichnet als „Berg Zion hoch im Norden".

Wer sich mit vorderorientalischer Religionsgeschichte befasst, kann da einen alten Mythos finden, der den El-äljon, den höchsten der Götter, auf dem Berg Zaphon hoch im Norden denkt, an dessen Flanken die beiden Ströme fließen, die die Paradiesgeschichte im zweiten Kapitel der Bibel auch kennt.

El-äljon nannte aber auch Abraham seinen Gott.

So werden wir daran erinnert, dass Israel von seiner Umwelt nicht so isoliert war, wie die späteren Redakteure der hebräischen Bibel es sich gewünscht und deshalb zum Teil auch beschrieben haben: als hätte es alles, was es wusste, einzig und allein aus göttlicher Offenbarung erfahren und keinen Anteil an dem mythologischen Allgemeingut seiner Umwelt gehabt. Die elf ersten Kapitel der Bibel und auch unser Zionslied hier bezeugen anderes.

Sie bezeugen aber zugleich, dass Israel die Mythen seiner Umwelt nie unkritisch aufgenommen, sondern entsprechend seinen eigenen Erfahrungen mit Gott umformuliert und umgedeutet hat, oft in ihr Gegenteil.

Den Mythos vom Götterberg hat Israel offenbar bei der Eroberung Jerusalems durch Davids Armeen mit erobert, und schon in seiner kanaanäischen Form scheint er auf Jerusalem bezogen gewesen zu sein. Aber Israel hat sich dem, was es so mit Jerusalem zusammen eroberte, nicht unterworfen, wie das in der Kulturgeschichte meist geschieht, wenn Barbaren eine Hochkultur erobern und dann übernehmen, sondern es hat das so Eroberte seinem Gott unterworfen, indem es die dort gefundenen Riten, Namen und Mythen umdeutete auf den, mit dem es durch die Wüste gewandert war und der ihm am Sinai die Tora geschenkt hatte. Der - und kein anderer! - ist der König der Herrlichkeit, der auf dem Zion thront - aber so, dass der nur der Schemel seiner Füße ist.

Die Götter des vorderen Orient hatten immer Feinde, die ihnen die Macht nehmen wollten. Hier kommen sie vor als die Könige der Welt, die gegen den Zion ziehen - und beim Anblick seiner Herrlichkeit starren, erschrecken und fliehen. Die Stadt auf dem Zion ist überaus prächtig und voller Paläste. Sie ist ein uneinnehmbarer Ort. Und Gott lässt sie bestehen immer und ewig.

Nun hat Israel mit dem realen Jerusalem andere Erfahrungen gemacht. Öfter wurde es von fremden Truppen erobert und zweimal völlig zerstört und ist bis heute als solches nicht wieder hergestellt und wird weiter als eine Stadt Israels in Zweifel gestellt. Aber dieses Lied, das die Ewigkeit und Erhabenheit Zions besingt, wird weiter gesungen.

Denn es besingt nicht nur das reale Jerusalem. Das auch; denn dort sitzen seine Sänger im Tempel und bedenken - und das heißt gut jüdisch: erörtern und diskutieren - die Gnade Gottes. Und wohl in diesem dauernden Lehrgespräch weitet sich das reale Jerusalem zu etwas weitaus Größerem aus, das die Wonne der Welt ist und von dem Gerechtigkeit und Gericht ausgehen. Wir werden an die Propheten Jesaja und Micha erinnert, die zu diesem Berg die Völker wallfahrten sehen, dass sie sich dort beim Gott Israels Weisung holen und den Frieden lernen...

Und so wandelt sich Gottes Stadt im Verlauf des Psalms mehr und mehr zur Weisung Gottes: Seine Gebote und Verheißungen sind die Türme und das Bollwerk und die Paläste, die die Gemeinde, die im Tempel oder im Lehrhaus über die Tora diskutiert, umwandert und durchwandert und genau erforscht, um dem künftigen Geschlecht davon zu erzählen.

Vielleicht so zu erzählen, wie wir es vorhin aus dem Buch der Offenbarung des Johannes gehört haben und wie es ähnlich beim Propheten Ezechiel klingt.

Vielleicht aber doch eher so, wie es in der Weisung Gottes selber heißt: „Wenn dich dann künftig dein Sohn fragt: «Was sollen denn die Verordnungen, die Satzungen und Rechte, die euch der Herr, unser Gott, geboten hat?» so sollst du zu deinem Sohne sagen: «Wir waren Sklaven des Pharao in Ägypten. Da führte uns der Herr mit starker Hand heraus aus Ägypten, und der Herr tat vor unsern Augen große und unheilvolle Zeichen und Wunder... . Und der Herr gebot uns, nach allen diesen Satzungen zu tun und den Herrn, unsern Gott, zu fürchten... . Und als Gerechte werden wir dastehen, wenn wir dieses ganze Gesetz getreulich erfüllen vor dem Herrn, unserm Gott, wie er uns geboten hat.»"

„Dies ist der Herr" heißt es nun am Schluss des Psalms. Ist er die feste Stadt mit ihren Türmen, Bollwerken und Palästen? „Ein feste Burg ist unser Gott.."? Israel kennt auch dieses Bild. Aber es bleibt wie alle Bilder ein Bild, das ihn nicht voll in den Blick bekommt. Es ist zu statisch, es beschreibt wohl die Sicherheit, die wir bei ihm suchen, nicht aber die Bewegung, in der er ist und in der er auch uns halten will.

Wenn aber die hier beschriebene Stadt das ist, was seine Gemeinde im Gespräch über die Tora umwandert und durchwandert, dann heißt dieser Satz: Gott selber ist sein eigenes Wort, er selber ist die Weisung und Verheißung. Jedenfalls für uns, denn außerhalb dieser erfahren wir ihn nicht. Diese Erfahrung Gottes durch sein Wort, ist das, was Israel in seiner Geschichte lebt und durch seine Geschichte den Völkern, auch uns, vermittelt. Und dazu braucht Israel seine geschichtliche Identität und sein Land, und deshalb brauchen wir dieses reale Israel, um das wir heute bangen. Aber das Zionsgeschehen selber, Gottes Nähe zu uns in seinem Wort, und der Zion als der zukünftige Wendepunkt der Geschichte, wenn die Mächtigen der Welt auf Gottes Wort hören werden, ist nicht ortsgebunden. Er beginnt dort, wo Gemeinde sich um das Wort sammelt. Und er ist fest auf immer und ewig und zugleich auf immer und ewig in Bewegung: Er wird uns leiten.   Amen.

Lied 196, 1 + 2 + 5: Herr, für Dein Wort ...

(Gebet:) Herr, wir preisen Dich für Dein Wort, in dem Du mit uns bist. Bewahre uns vor dem Irrtum, wir hätten dieses Wort und könnten mit ihm schalten und walten, wie es uns beliebt. Nein, das Wort soll uns haben und mit uns schalten und walten wie es Dir beliebt in Deiner Liebe zur Schöpfung und auch zu uns Menschen. Aber laß doch Deine Liebe stärker erfahrbar werden; laß die, die gegen sie angehen wollen starren, erschrecken und davon fliehen - oder besser noch: Auch von Deinem Wort ergriffen werden. Denn solange sie das nicht sind, richten die Mächtigen dieser Erde Schaden an, erheben sie die Ungerechtigkeit und die Erbarmungslosigkeit zum Prinzip. Und wir fühlen uns zu schwach, dagegen anzugehen. Tu Du es! Tu Du es durch das Wort, in dem Du mit uns bist und durch unseren Mund, dass wir die Sünde nicht länger „Sachzwang" nennen und die Tatenlosigkeit „Ordnung". Sondern bring in Deine Ordnung, was sich heute bekämpft, verleumdet und vernichtet. Wehre den Kriegen und allen, die sie provozieren. Lass Israel Frieden finden mit seinen Nachbarn im eigenen Land und in der Diaspora; lehre die Völker den Frieden, wie es Micha verheißen hat, und die Gerechtigkeit, die sich der Schwachen annimmt. Sei Tröster aller Kranken und Verzweifelten und Einsamen. Sei Lehrer aller, die nach den richtigen Wegen suchen. Sei Du selber die Hoffnung, die die Welt braucht, und komm, so, wie wir Dich nun mit Jesu Worten bitten:
   Unser Vater im Himmel...

Predigt zu Psalm 62 am 2. März 2003
im Coliny-Kirchsaal Berlin Halensee

Lieder vor der Predigt: Psalm 98, 1 – 4: Singt, singt dem Herren neue Lieder..., Psalm 6, 1 – 5: Herr, nimm mich an in Gnaden... und Psalm 62, 1 – 4.: In Gott ist meine Seele still

Weitere Texte: Die Zehn Gebote, Psalm 19, 8., Markus 8, 31 – 38. und das Bekenntnis „Wir sind nicht allein..."

Predigttext: Psalm 62

[Für den Dirigenten: Nach Jedutun. Psalm für David.]
Allein auf Gott hin ein Schweigen meiner Seele, von ihm meine Hilfe.
Er allein mein Fels und meine Hilfe, meine Fluchtburg; ich wanke nicht groß.
Bis wie weit stürmt ihr ein auf einen Mann, mordet ihr? Jeder von euch wie eine einstürzende Wand, eine Mauer, die zu Fall gebracht .
Allein von seiner Würde planen sie (jemanden) zu Fall zu bringen; sie lieben die Lüge; mit ihrem Mund segnen sie, aber innerlich fluchen sie. [Sela.]
Allein auf Gott hin schweige, meine Seele, denn von ihm meine Hoffnung.
Allein er mein Fels und meine Hilfe, meine Fluchtburg; ich wanke nicht.
Auf Gott (steht) mein Heil und meine Ehre; Fels meiner Stärke, in Gott meine Zuflucht.
Vertraut auf ihn jederzeit, Volk, schüttet euer Herz vor seinen Antlitzen aus! Gott ist Zuflucht für uns. [Sela.]
Allein Windhauch die Kinder Adams, Lug die Kinder des Menschen, um auf Waagschalen hoch zu gehen, von Windhauch allesamt.
Vertraut nicht auf Erpresstes und Raub. Verfallt nicht dem Nichts. Wenn Reichtum wächst, setzt euer Herz nicht (darauf).
Eines redet Gott, diese zwei höre ich: dass Gottes die Macht ,
und dein, mein Gott, die Gnade;
denn du zahlst dem Menschen nach seinem Tun.

Liebe Gemeinde,

in der Übersetzung dieses Psalms, die ich eben vorgelesen habe und die ich habe verteilen lassen, ist der Versuch gemacht, den Psalm so wortgetreu wiederzugeben, wie das möglich ist. Das bereitet besonders beim 2. Vers Mühe, der für diesen Monat die Losung ist. Dass die Seele zur Ruhe kommen darf, heißt es da; dass ihr Schweigen auf Gott gerichtet ist, besagt der hebräische Text.

Zunächst einmal zum Äußeren. Da wird dem Dirigenten eine Anweisung gegeben: „Nach Jedutun". Jedutun gehört zu den von David bestellten Vorsängern am Heiligtum Israels, denen es oblag das „Danket dem Herrn, denn seine Güte währt ewig" zu singen (1. Chronik 16, 41.). Er war wohl der Schöpfer der uns nicht überlieferten Melodie. Und dann: „Psalm für David", wo meistens „von David" übersetzt wird. Mit diesen zwei Angaben wird der Psalm in eine bestimmte Tradition gestellt: Er ist im Heiligtum beheimatet für den Umgang der Priester mit denen, die zum Heiligtum kommen. Ihnen wird angeboten, in den Psalm einzustimmen und ihn sich so zu eigen zu machen.

Der, der hier kommt, hat böse Erfahrung hinter sich; vor Menschen, die ihm an die Ehre und sogar ans Leben wollen, hat er sich hierher geflüchtet, und man hat ihm zugesagt, „dass die Macht Gottes" ist und – damit wechselt er in die zweite Person des Gebetes: - „dein, mein Gott, die Gnade". Alle Macht, die auf ihn einstürmt und ihn bedrängt, steht unter der höheren Macht Gottes. Und damit steht er selber unter Gottes Gnade: „denn du zahlst dem Menschen nach seinem Tun". Das ist gegen christliches Empfinden. Wir lernen, dass wir „allzumal Sünder" sind und auf Gottes verzeihende Gnade angewiesen, die uns eben nicht nach unserem Tun, sondern nach anderen, außer uns selbst liegenden Kriterien für die Ewigkeit rettet. Der, der den Psalm verfasst hat, und die, die in ihn einstimmen, wissen sich dagegen auch mit ihrem Tun im Einklang mit Gott.

Hüten wir uns, das vorschnell als fromme Überheblichkeit abzutun. Der, der so spricht oder singt, weiß offenbar, was Gott von ihm fordert, und dass das nicht allzu schwer oder gar unerfüllbar ist. Denn auch wenn er nicht alle 613 Gebote und Verbote der Bibel einhält, zählt schon sein Verlangen, es zu tun, als hätte er es getan. Das Tun, das ihn der Gnade Gottes gewiss macht, ist, dass er sich Gott zuwendet, nicht mehr und nicht weniger. Ich meine, von dem frommen Selbstbewusstsein, das daraus spricht, dürften wir ruhig etwas lernen: Auch wir sind nicht nur Versager vor Gott.

Solcher Einklang mit Gott scheint aber nicht Einklang mit unserer Umwelt zu bedeuten, im Gegenteil. Der Sänger des Psalms fühlt sich bedroht: Man stürmt auf ihn ein – plant man, ihn zu ermorden? Den Umgang mit den Menschen seiner Umgebung empfindet er nicht nur wie ein Rennen gegen die Wand, sondern er fühlt sich so, als würde diese Wand auf ihn niederfallen, ihn begraben, zerschlagen, ersticken.

Ich weiß nicht, ob wir dieses Gefühl nachvollziehen können. Meistens sind wir ja so klug, uns gar nicht erst darauf einzulassen, dass wir gegen Wände anrennen müssten. Wir sind Meister im Kompromisse-Schließen, haben das von Kind an gelernt und bringen es, oft mühsam, auch unseren Kindern bei. Das ist Teil unserer Kultur und ermöglicht uns, Interessensausgleiche zu schaffen und auch bei gegensätzlichen Standpunkten halbwegs friedlich miteinander auszukommen.

Aber ist es auch immer richtig? Ich denke an die Generation meiner Eltern, deren sehr große Mehrheit sich auf diese Weise mit dem Nationalsozialismus arrangiert hat und so mitschuldig wurde am Entsetzlichsten unserer Geschichte.

Ich denke andererseits an unsere hugenottischen Vorfahren, die sich nicht mit der Religionspolitik Ludwig XIV arrangiert, sondern die Heimat verlassen haben und ins wirtschaftlich und kulturell darniederliegende und zudem kalte Brandenburg geflohen sind. Und an die, die nicht geflohen sind, sondern an ihrem Glauben und ihrer Kirchlichkeit in der Heimat festgehalten, den Häschern des Königs Widerstand geleistet und fast ein Jahrhundert als Kirche im Untergrund gelebt haben, bis zur französischen Revolution, an der sie selber maßgeblich Anteil hatten.

Es gibt noch viele andere Beispiele dafür, dass der Kompromiss mit den herrschenden Mächten nicht das Gebotene, also das ist, was das Gebot von uns erwartet. Das kann auch für größere politische Entscheidungen zutreffen, wie die, die unsere Regierung seit einem halben Jahr gegen einen Krieg im Irak verfolgt – gegen die Starken in dem Militärbündnis, in das unser Land nun einmal eingebunden ist. Vielleicht hat sie ja aus Fehlern gelernt, nachdem sie vor 4 Jahren noch mitzog, Serbien zu bombardieren.

Aber der Widerstand gegen Mächtigere ist nicht nur auf der hohen politischen Ebene ein Problem; größere oder kleinere Tyrannen machen sich auf allen Ebenen breit, es gibt sie in Schulklassen, in Betrieben und Behörden – und auch in der Kirche. Da beständig zu bleiben, kann auch oft das Gefühl auslösen, gegen Wände zu rennen oder auch von ihnen erschlagen und begraben zu werden. Und doch darf man sie nicht walten lassen, nicht die, der ihre Schüler oder ihre Mitschüler tyrannisieren, nicht die, die anderen ein bestimmtes Verhalten oder Konsumverhalten abverlangen, nicht die, die einen Kollegen durch Mobbing auszugrenzen versuchen, nicht die, die, statt ihnen zu dienen, die Bürger in den Amtsstuben erniedrigen, nicht die, die versuchen, in der Kirche Macht auszuüben. Und auch nicht die, die da behaupten, dass es gegen eine neoliberale Wirtschaftspolitik keine Alternative gibt.

Der, der unseren Psalm singt, hat in seinem Widerstehen gegen die, die ihn gegen die Wand rennen lassen, keinen Erfolg. Er zerbricht an ihrer wie immer gearteten Macht. Wenn wir diese Situation nicht selber kennen, können wir sie uns doch vorstellen, jeder in seinem Umfeld. Dazu bleibt der Psalm ja offen in diesem Bild, dass jede und jeder hier sich selber einbringen und erfahren kann. Und er fügt dafür noch den anderen Fall hinzu, der nicht von physischer Gewalt, sondern von der Gewalt der Verleumdung ausgeht. Auch das kennen wir oder können es uns vorstellen. Der, der unseren Psalm sing, kommt dagegen nicht an. Er muss wenigstens innerlich schreien mit seiner ganzen Person und Existenz: das meint das hebräische Wort *näphäsch*, das wir mangels eines anderen Begriffes mit „Seele" übersetzen.

In dieser Situation flüchtet er sich zu Gott. Seine äußere Lage ändert sich damit nicht. Aber in sein Inneres, das eben noch aufschrie, tritt Schweigen ein. Mit dem Gedanken auf Gott bekommt er festen Boden unter den Füßen. Nicht mit einem Mal: beim ersten Mal, wo er sich auf Gott als seinen Fels, seine Hilfe, seine Fluchtburg besinnt, sagt er, er wanke nicht mehr groß. Ganz fest ist sein Stand also noch nicht; erst als er sich noch einmal klar macht, was ihn da bedrängt hat, findet er ganz festen Tritt: Ich wanke nicht. Auch das Gottvertrauen braucht einen Lernprozess.

Aber worin besteht die Hilfe, die er erfährt, die seine aufgewühlte Seele beruhigt, die ihm festen Boden unter die Füße gibt? An seiner misslichen und gefährlichen Situation ändert sich ja äußerlich nichts.

Was sich ändert, ist in ihm selbst. Indem er darauf hört, dass Gott alle Macht gehört, wird er unabhängig von den Mächtigen, die ihn bedrängen. Indem er daraus weiter hört, dass Gott alle Gnade gehört und er gibt nach dem Tun, bekommt er eine neue Selbstsicherheit. Seine Feinde können ihn schädigen und zermalmen, sie können ihn verleumden und entwürdigen. An sein Selbst kommen sie nicht heran. Auf Gott steht mein Heil und meine Ehre, Fels meiner Stärke, meine Zuflucht ist in Gott!

Damit gewinnt er eine neue Position. Ob die ihm hilft, seinen Widersachern zu widerstehen, bleibt offen. Die Hilfe, die er erfährt, erfährt er als Hoffnung. Und die befähigt ihn, öffentlich zu predigen und das ganze Volk anzusprechen: Vertraut auf Gott! Schüttet vor ihm euer Herz aus! Er ist Zuflucht für uns!

Er weiß: Auch andere machen die Erfahrungen, die er gemacht hat, Bedrängung und Verleumdung. Aber wer ist es denn, der da bedrängt und verleumdet? Menschen sind es! Ein Windhauch, eine Täuschung, ohne Gewicht in der Waagschale Gottes!

Aber trifft das denn nicht auf alle zu, auch auf den Sänger des Psalms, der zum Prediger wird, und das Volk, das er anspricht? Nein. Es trifft zu auf die, die auf Erpresstes und Raub vertrauen, die den vergänglichen Dingen verfallen sind, die auf wachsenden Reichtum bauen. Hütet euch, so zu sein! ist seine Predigt. Das heißt: Schert aus aus dem Wertgefüge, das sie aufstellen, das aus wirtschaftlichem Wachstum eine Heilsbotschaft macht und daher zwangsläufig zu Erpressung und Raub führt. Es klingt fast so, als hätte der Verfasser des Psalms schon die neoliberale Globalisierung von heute im Blick gehabt. Oder ist die gar nicht so neu, wie sie tut? Auf jeden Fall, das lehrt der Psalm, ist sie nicht so allmächtig wie sie tut. Sie ist angewiesen auf die, die mitmachen; die helfen, den Nächsten und ganze Nationen wirtschaftlich zu erpressen, um auch etwas abzubekommen; die auf jede Geldanlage hereinfallen, die überhöhte Profite abzuwerfen verspricht; die Ihren Selbstwert nicht an sich, sondern an den toten Dingen und der Macht messen, die sie darüber und über andere Menschen haben; die, um beides zu behalten oder zu vermehren, Kriege in Gang setzen. Auch denen zahlt Gott nach ihrem Tun.

Und was wäre die Alternative, mit der man mit Gott im Einklang, also in seiner Gnade sein kann? Es ist das Leben, das man nicht als

Kampf, sondern als Geschenk annimmt, das allen zukommt. Es ist das Leben, das nicht den toten Dingen dient, sondern sich ihrer als Mittel bedient, allen ein besseres Leben zu ermöglichen. Es ist das Leben, das nicht in sich selbst beschränkt bleibt, sondern sich in Gottes Weite erfährt, weit über die eigenen Tage hinaus. Amen.

Psalm 105, 1 – 5: Dank, dank dem Herrn, du, Jakobs Same…

(Gebet:) Herr, wir loben Deinen Namen, der uns all das bedeutet, was Du für uns bist und tust. Wir preisen Dich als den Ruhepol in unserer unruhigen Zeit, als Hoffnung in einer hoffnungsarmen Welt, als Wegweiser in ausweglosen Situationen, als Helfer gegen alle Tyrannen. Herr, wir hören Kriegsgeschrei; gebiete Einhalt, bevor Bomben fallen und Menschen getötet und in noch größeres Elend gestoßen werden. Schaffe der Vernunft Raum auf allen Seiten. Wir träumen von einer Welt, in der Frieden ist, in der nicht Waffen oder das Drohen mit ihnen den Lauf der Dinge entscheiden; in der die Entwicklung umgekehrt wird, durch die die Reichen immer reicher und die Armen ärmer werden; in der die Verschiedenheit der Menschen als Bereicherung erkannt wird; in der jede und jeder die Fülle des Lebens erfahren. Lehre uns die Schritte zu erkennen und zu tun, die dahin führen. Lass unsere Kinder in eine Welt hineinwachsen, die sie verstehen und lieben können. Lehre uns einen sorgsamen Umgang miteinander, dass keins dem anderen seinen Willen aufzwingt, dass keins vergessen wird, dass wir alle gemeinsam Deinen Willen erfüllen. Sei mit den Kranken, schenke ihnen Geduld und Heilung, und wo nicht: da mache Du Dich als ihr Ziel bekannt. Sei mit denen, die einen wichtigen Menschen verloren haben; lass sie erfahren, dass er in Dir geborgen ist wie sie auch. Sei mit denen, die in ihrem Leben keinen Sinn erkennen können; lass sie teilhaben an der Hoffnung, die in Dir gründet. Wir bitten dich für Dein Volk Israel, dass es Frieden findet und von ihm der Segen ausgehen kann, den Du auf es gelegt hast. Sei mit Deiner Kirche, dass sie sich nicht als Selbstzweck sondern als Dienerin Deines Willens begreift. Wir bitten Dich mit den Worten, die Jesus uns gelehrt hat zu beten: Unser Vater im Himmel…

Predigt zu Psalm 65 am 3. Oktober 2004
im Coliny-Kirchsaal Berlin Halensee

Lieder im Gottesdienst vor der Predigt waren: 323, 1 – 3.: Man lobt dich in der Stille..., Psalm 25, 1 – 5.: Meine Seele steigt auf Erden... und 512, 1. 2. 5. 6.: Herr, die Erde ist gesegnet...

Weitere Texte waren: Ps 145, 15., die Zehn Gebote, Jesaja 45, 22., 2. Korinther 9, 6 – 11. und 5. Mose 26, 1 – 11..

Der Predigttext: Psalm 65
(Für den Dirigenten: Ein Psalm, dem David ein Lied)
Vor Dir zu schweigen [ist] Lobpreis, Gott in Zion, so werde Dir das Gelübde bezahlt.Zu Dir, der Du Gebet erhörst, kommt jedes Lebewesen.
Wegen der Sünden, die bei mir selbst immer mächtiger werden, sühnst Du unsere Übertretungen.
Glücklich, wen Du erwählst und nahe treten lässt: Er bewohnt Deine Vorhöfe. Lass uns satt werden am Guten Deines Hauses, Deines heiligen Tempels.
Wovor man sich fürchtet, das beantwortest Du uns in Treue, Gott unseres Heils, Zuversicht aller fernsten Enden der Erde und des Meeres.
Berge stellt er hin in seiner Kraft, gegürtet mit Stärke.
Er beruhigt das Getöse der Meere, das Getöse ihrer Wellen und das Getümmel unter den Völkern.
Die die Enden bewohnen fürchten sich vor Deinen Zeichen, die Aufgänge von Morgen und Abend machst Du jubeln.
Du besuchst das Land, und Du lässt es überfließen, sehr reich machst Du es – Gottes Brunnquell voll Wasser – Du bereitest seine Feldfrüchte zu, denn so bereitest Du zu.
Ströme über seine Furchen, ebne seine Schollen! Mit Regenwassern erweichst Du es, seine Sprosse segnest Du.
Du krönst das Jahr durch Deine Güte, und Deine Tritte triefen Fett.
Die Anger der Steppe triefen, und mit Freudentänzen umgibst Du die Hügel.
Weiden bekleiden sich mit Vieh, und Täler bedecken sich mit Getreide, sie werden heftig erschüttert und singen doch dazu.

Liebe Gemeinde,

„Vor Dir zu schweigen [ist] Lobpreis" – das Schweigen als Lobpreis: Wie anders klingt das doch als im ersten Lied das wir heute gesungen haben, das zwar auch so begann, wie Martin Luther unseren Psalm übersetzt hat: „Man lobt Dich in der Stille", dann aber einfach nicht ruhig bleiben kann: „Drum soll Dich stündlich ehren mein Mund vor jedermann und Deinen Ruhm vermehren, solang er lallen kann", und im zweiten Vers steigert es sich gar zum „unaufhörlich schreien: «Gelobt sein der Gott Israels!»".

Dieser Psalm sieht das anders. Vor Gott ist zunächst Schweigen angesagt. Und das Bezahlen des Gelübdes. Das gehört wohl zusammen. Wir sollen über dem gesprochenen und gesungenen Gotteslob nicht das Tun versäumen, in dem der wahre Lobpreis besteht. Was wir Gott versprochen haben zu tun – oder auch uns selbst, um uns mit Gottes Willen in eins zu setzen - das soll dem tönenden Lobpreis vorangehen – damit es kein Lob auf tönernen Füßen wird.

Haben wir denn Gott oder uns selbst vor Gott etwas versprochen?

Wir sind vorhin aufgestanden, um die Worte seiner Weisung zu hören. Wir beginnen neue Zeitabschnitte und Lebensphasen mit guten Vorsätzen. Wir sagen den Politikern, was sie tun oder besser lassen sollten, damit im Land Gerechtigkeit und zwischen den Nationen Frieden herrschen soll. Was tun wir selber dafür? Lassen wir diese Frage einen Moment so stehen. Der Psalm tut es auch.

Und redet Gott zuerst als den an, der Gebet erhört. Aber das ist offenbar nicht – oder nicht in erster Linie – das Gebet des einzelnen Frommen oder der Gemeinde. Sondern jedes Lebewesen kommt zu ihm, es geht also auch um ein Gebet, das weder eine Adresse kennt noch in Worte oder Musik gefasst sein muss. Es ist die Sehnsucht der ganzen Schöpfung nach Einklang. Eine Sehnsucht, die wir kennen.

Als Sehnsucht: Nicht als gegenwärtige Wirklichkeit. Wir selber handeln ja permanent dagegen. Der Sänger des Psalms kennt das an sich selbst zur Genüge: Die Sünden, also das, was den Einklang mit Gott und der Mitschöpfung zerstört, erkennt er als mächtig über sich – und schließt daraus, dass Gott da einschreitet, sühnend, versöhnend. Denn das, was er selber nicht zustande bringt, die Versöhnung, weiß er als Gottes Wille, nicht nur in Bezug auf ihn allein, sondern auf eine Vielzahl, denn gesühnt werden „unsere Übertretungen", seien es die der

Gemeinde, in der er betet, seien es die der gesamten Menschheit, die ihrer Sehnsucht nach Einklang permanent zuwiderhandelt.

In der Gemeinde macht der Beter des Psalms die Erfahrung, trotz seiner immer mächtiger werdenden Sünden doch erwählt zu sein und sich Gott annähern zu können; im Gottesdienst des Tempels bekommt er einen Vorgeschmack des Guten, des Einklangs Gottes mit der darum betenden und ihre Gelübde erfüllenden Gemeinde.

Diese Gemeinde, das wissen wir von uns selber, lebt in einem ständigen Widerspruch zwischen dem, wonach sie sich betend sehnt und dem, was sie praktisch lebt. Von sich aus gesehen kann der Einzelne und kann die Gemeinde nicht darauf hoffen, mit Gott und damit auch mit der Mitschöpfung ins Reine zu kommen. Das kurzfristige und kurzsichtige Interesse am eigenen Überleben und am eigenen Vorteil stehen dagegen. Und das macht Angst.

Gott aber denkt und handelt langfristig und weit. Wir haben vorhin das Bekenntnis des Israeliten gehört, der Früchte seiner Ernte vor den Priester bringt und dabei daran erinnert, dass Gott seinen Vorfahren das Land zugesprochen und das Volk gegen alle Widerstände der Ägypter und gegen die eigene Kleingläubigkeit dorthin gebracht hat: Es ist nicht ihr Verdienst, sondern Gottes Treue, die sie am Leben erhält und mehr: die sie fröhlich sein und feiern lässt.

So erfährt Israel Gott als den Gott seines Heils. Und aus dieser Erfahrung erkennt es ihn auch als die Zuversicht der ganzen Welt, die ihn zwar nicht kennt, sich aber doch unbewusst nach ihm sehnt.

Was die Welt von ihm kennt, ist die Schöpfung. Denn er ist es, der die Berge hinstellt. Auch wenn wir heute wissen, dass das durch Verschiebungen der dünnen Erdkruste über dem heiß brodelnden Erdinneren geschieht, dürfen wir darin doch Gottes Schöpferkraft erkennen – und uns vor ihr fürchten. Denn wir leben allen technisch-wissenschaftlichen Errungenschaften zum Trotz auf einem unsicheren Planeten, ja, die Techniken machen ihn noch unsicherer, wenn sie mit der Atomenergie Kräfte entfesseln, die weite Gebiete verwüsten, oder mit anderen Energien das Klima zerstören können, das unseren Lebensraum ausmacht.

Die Menschen der biblischen Zeit, auch die Verfasser dieses Psalms, die davon weit weniger wussten als wir, waren sich der Bedrohung der Schöpfung anscheinend trotzdem bewusster als wir es sein wollen: Sie erkannten es als Gottes täglich neue Güte, dass er die Chaosmächte des Urmeeres beruhigend in Schach hält – würde er sie loslassen, würden sie alles verschlingen.

Neben das Getöse der Meere und ihrer Wellen stellt der Psalm das Getümmel unter den Völkern als eine weitere Chaosmacht, etwas von dem so nur noch die beiden Propheten Jesaja und Jeremia sprechen; bei Jesaja heißt es über die Assyrer (17, 12f): „Ha! ein Tosen vieler Völker! wie das Tosen des Meeres tosen sie! Und ein Brausen gewaltiger Nationen! wie das Brausen von Wassern brausen sie! Nationen brausen wie das Brausen vieler Wasser. Doch Er herrscht sie an, da fliehen sie fernhin, werden gejagt wie die Spreu auf den Bergen vor dem Winde, wie ein Staubwirbel vor der Windsbraut!"

Die Wasser sind seit der Sintflut weitgehend unter Gottes Kontrolle, die Völker hingegen lässt er anscheinend von Zeit zu Zeit los. So jedenfalls hat Israel das mehrfach erfahren. Israel hat dabei aber auch nach dem Warum gefragt und sich die Frage mit eigener Verschuldung beantwortet: Mit der Untreue Gottes Gebot gegenüber und mit dem Sich Verlassen auf Waffen und Militärbündnisse statt auf Gottes Treue. Die Frage, was wir für Frieden und Gerechtigkeit selber tun können, die wir vorhin zurückgestellt haben, taucht hier wieder auf: Den Frieden selber suchen im nahen Bereich und im weiteren, indem wir uns klar machen und anderen sagen, dass alle Völker und alle einzelnen Menschen, egal wie sie Gott nennen oder ob sie ihn kennen, die selbe Sehnsucht nach Einklang mit ihm und der Mitschöpfung und von daher die gleiche Würde haben, die wir uns selber zuerkennen.

Die selbe Schöpfung Gottes, die den Menschen und Tieren Angst macht mit Überschwemmungen, Trockenheiten, Wirbelstürmen und Erdbeben, gibt ihnen zugleich den Lebensraum und Grund, fröhlich zu sein. Denn Gott lässt sie nicht allein. Er ist mit seiner Schöpfung, er besucht sie, sagt der Psalm. Dort, wo Leben entsteht und ist, ist auch Er. Ohne ihn leben kein Tier und keine Pflanze. Wir Städter machen diese Erfahrung nicht so direkt wie etwa unsere Geschwister in den uckermärkischen Dörfern, die den Jahresablauf von Saat und Ernte, Weidezeit und Stallhaltung und die Abhängigkeit vom richtigen Wetter immer neu erfahren und für die der viele Regen in diesem Frühsommer kein Ärgernis sondern Segen war. Aber auch wir leben von dem, was sie auf ihren Äckern und Wiesen erwirtschaften, und wollen Gott dafür danken.

Der Psalm sagt, dass Gott die Sprosse des Landes segnet. Das ist das, was da uns zu Gute sprosst und wächst. Das selbe Wort „Spross" bezeichnet aber auch die Nachkommen von Menschen, und zwar besonders die, auf denen ein besonderer Segen liegt. Beim Propheten Sacharja ist „Spross" der Name des Messias. Das erinnert uns daran, dass Gott nicht ein Gott des sich stetig wiederholenden Jahresablaufs ist, sondern der Gott, der die Geschichte durch die Jahre hindurch an ihr Ziel führen wird. Die Nahrung, die er uns dabei erarbeiten lässt, ist Wegzehrung auf dieses Ziel hin.

Und dieses Ziel ist Fülle. Im jährlichen Erntesegen haben wir einen Vorgeschmack davon, der anderen oft versagt ist. Fülle wird aber erst erreicht, wenn alle Geschöpfe im Einklang und in der Gemeinschaft des uns besuchenden Gottes das volle Leben genießen werden. Bis es so weit ist, braucht es noch große Erschütterungen und Umwälzungen im Denken der Menschen und in den politischen, sozialen und wirtschaftlichen Strukturen, damit sich für alle die Weiden wie von selbst mit Vieh und die Täler mit Getreide bekleiden. Dann wird es Zeit sein zu singen.

Aber wie wir in der Ernte, im Gottesdienst und am von Gott geschenkten Feiertag schon etwas vom Ziel im Voraus ahnen und in Erfüllung unserer Gelübde etwas dafür tun, ahnen wie tun noch unvollkommen und in Schwäche, so dürfen wir auf das Ziel hin auch schon singend Gott loben, unvollkommen und in Schwäche, aber von Herzen. Amen.

Psalm 65, 1. 4 – 6: Wie feierlich erhebt die Stille...

(Gebet nach der Predigt:) Herr, wir preisen Dich und danken Dir all dessentwegen, was uns Leben gibt und am Leben erhält: Liebe, Gemeinschaft, Nahrung und die Bewahrung vor den Chaosmächten der Natur und der Menschen. Hilf uns, dieses alles zu erhalten und zu verstärken. Hilf uns, den materiellen Segen, den wir genießen, auch denen zukommen zu lassen, die ihn heute entbehren. Hilf uns in unserem Einsatz für Frieden und Gerechtigkeit und für die Bewahrung der Würde für alle Menschen und die gesamte Schöpfung. Herr, wir legen Dir unsere Kranken ans Herz und alle, die sich verlassen und einsam fühlen:

schenke ihnen Mut und Zuversicht, und wo ein Leben zu Ende geht, da lass Dich als das Ziel erkennen. Wir legen Dir alle ans Herz, die unter Unwettern und anderen Naturgewalten leiden; bändige Du diese Gewalten und lehre uns, mit unseren Mitteln dazu beizutragen. Wir legen Dir alle ans Herz, die der Gewalt anderer Menschen ausgeliefert sind, in Krieg, Vertreibung, Unterdrückung und Missachtung ihrer Würde. Bändige auch diese Gewalten und hilf uns, dazu beizutragen. Wir bitten Dich für Dein Volk Israel, dass es Frieden findet in der Diaspora wie im eigenen Land, damit von Jerusalem der Frieden für alle Nationen ausgehen kann. Wir bitten Dich für Deine Kirche in allen ihren Ausprägungen, dass sie sich als Deine begreift und Deine Liebe bezeugt, die uns schon umgibt und uns mit Dir vereinigen wird. Wir bitten Dich mit den Worten, die Jesus uns dazu gelehrt hat: Unser Vater im Himmel...

**Predigt zu Psalm 84 am 26. März 2006
in der Französischen Friedrichstadtkirche zu Berlin**

Lieder vor der Predigt: 300, 1-3 (ganz): Lobt Gott, den Herrn der Herrlichkeit..., 414, 1 – 4: Lass mich, o Herr... und 282, 1-3: Wie lieblich schön, Herr Zebaoth...

Weitere Texte: Die zehn Gebote, Ezechiel 11,19+20, Johannes 12, 20-28, und Frage und Antwort 26 aus dem Heidelberger Katechismus.

Predigttext: Der 84. Psalm

(Für den Dirigenten: Nach Hagittit. Den Söhnen Korachs, ein Psalm.)
Wie freundlich sind deine Wohnungen, JHWH Zebaoth!
Meine Seele sehnt sich und schmachtet gar nach den Höfen JHWHs; mein Herz und mein Leib jubeln zum lebendigen Gott.
Auch ein Vogel findet ein Haus und eine Schwalbe ein Nest für sich, wohin sie ihre Brut legt, bei deinen Altären, JHWH Zebaoth, mein König und mein Gott.
Selig, die dein Haus bewohnen; immer preisen die dich. (Sela)
Selig ein Mensch dem Zuflucht bei Dir ist –gebahnt in ihrem Herzen.
Ziehend durch das Bakahtal machen sie es zum Quellort, ja, mit Segen umhüllt der Regen / der Lehrer.
Sie schreiten von Kraft zu Kraft, man erscheint vor Gott in Zion.
JHWH, Gott Zebaoth, höre mein Gebet, horche, Gott Jakobs. (Sela)
Sieh her, unser Schild, schaue, o Gott, das Antlitz deines Messias.
Besser ein Tag in deinen Höfen als tausend anderswo; ich will lieber im Haus meines Gottes an der Schwelle stehen als in Zelten des Frevels wohnen.
Denn Sonne und Schild ist JHWH, Gott der Gnade und Ehre; JHWH gibt und verweigert Gutes denen nicht, die aufrichtig wandeln.
JHWH Zebaoth, selig ein Mensch, der auf dich vertraut.

Liebe Gemeinde,
   wenn ich diesen Psalm lese oder höre, erweckt er in mir zwei widersprüchliche Empfindungen: Zum einen möchte ich dazugehören, mit

dem Sänger dieses Psalms nach Jerusalem wallfahrten, nach dem Tempel Gottes mich verzehren und bei ihm Zuflucht und Glück finden.

Zum anderen aber weiß ich, dass mich nicht nur über 2.000 Jahre von dem Beter trennen und der Tempel, von dem er singt, nicht mehr da ist, sondern auch, dass er ein Israelit, ein Teil des Volkes Gottes ist - ich aber nicht in der gleichen Weise.

Und so höre ich erst einmal als Außenstehender auf den Überschwang an Gefühl, der hier zum Ausdruck kommt, und kann den Weg nicht mitgehen, den er gegangen ist, stehe nicht mit ihm im Tempelvorhof, sondern betrachte das alles erst einmal von ferne.

Was sehe ich da ? Ich sehe jemanden, der in großer Gesellschaft auf Pilgerfahrt ist, hin zum Tempel von Jerusalem, wo er in großer Gemeinde das Laubhüttenfest begeht, das Fest, das die Freude an den Gaben der Natur mit der Freude an der Weisung Gottes vereinigt, in der jährlichen Toralesung, die an diesem Fest abgeschlossen wird. Beides ist Grund zu Lob und Dank.

Der Pilger, den wir betrachten, hat sich auf dem ganzen Weg danach gesehnt, ja, geschmachtet, nun mit der großen Festgemeinde im Tempel zusammen zu sein und acht Tage und Nächte dazu zu gehören. Jetzt ist es so weit, das Herz jauchzt ihm im Leib und der Mund geht ihm davon über: Er hat den Ort Gottes in seiner Gemeinde gefunden. Ein Gefühl von Harmonie und Geborgenheit überwältigt ihn - und darin bezieht er auch sogleich die Vögel mit ein, die im Tempelbezirk nisten und umherfliegen: Sperlinge und Schwalben, die wie er die Nähe der Altäre Gottes suchen. Und er beneidet sie, dass sie immer dort sein und Gott loben können.

Wie weit können wir uns dem, den wir hier betrachten, innerlich annähern? Vielleicht können wir uns das Bild des Tempels vor Augen malen, des zweiten, nach der babylonischen Verbannung neu errichteten; vielleicht können wir uns die Menge und das Gedränge vorstellen, und vielleicht kommen uns dabei auch schon die Wechsler und Händler von Opfertieren in den Blick, die dann drei oder vier Jahrhunderte später Jesus aus Nazareth von hier zu vertreiben versucht...

Und wir wissen noch mehr, als wir uns vors geistige Auge malen können: Wir wissen, dass dieser Tempel nicht nur als der Ort galt, wo Gott seinen Namen wohnen lassen will inmitten seines Volkes, sondern dass er zugleich ein - anfangs umstrittenes - Staatsheiligtum war, Symbol für die Verbindung von Thron und Altar.

Der Psalm geht darauf nicht mehr ein, für ihn ist Gott der Herr der König, Thron und Altar sind eins geworden, das Leben scheint aus einem Guss. Aber es ist brüchig. Dieses theokratische Staatswesen ist schwach und abhängig vom Wohlwollen einer fremden Großmacht. Vieles, was mit dem Tempel erinnert wurde, gab es zu seiner Zeit schon nicht mehr: die Bundeslade mit den Gesetzestafeln Moses' war dem Ansturm der Babylonier auf den ersten Tempel zu Opfer gefallen, die Freiheit, in die Gott seinerzeit sein Volk aus Ägypten geführt hatte, war in der babylonischen Verbannung verloren gegangen und nie wieder voll errungen worden.

Aber die Lade und der dort wohnende Gottesname, ja, der ganze Tempel und sein Kult: Waren das nicht sowieso nur Symbole für etwas anderes, Tieferes, das der 145. Psalm so ausdrückt: „Der Herr ist nahe allen, die ihn anrufen, allen, die ihn mit Ernst anrufen."?

Das wusste auch unserer Pilger. Hätte er mit diesem Wissen eben so gut zuhause bleiben und Gott dort anrufen können?

Dennoch hat er sich auf die beschwerliche Reise gemacht. Über das theoretische Wissen und seine individuelle Frömmigkeit hinaus braucht er auch dieses: den Weg und die Wanderung, den Ort und die Ankunft, die große Gemeinde und das Fest, das sie feiert. Er braucht das, um an sich selber immer wieder neu zu erfahren, dass er zu denen gehört, für die Gott ihr Gott sein und sie zu seinem Volk annehmen will, dass alles Trennende zwischen beiden aufgehoben ist. Das ist es, was er eigentlich besingt und bejubelt.

Das Wissen: „Gott ist für uns da, wir leben - allen anderen täglichen Erfahrungen zum Trotz - in seinem Schutzbereich", macht aus dieser Wallfahrt etwas anderes als eine Touristenreise. Sie wird zu einer inneren Kraftquelle, aus der die Kraft Gottes sprudelt. Das wird auch schon auf dem Weg deutlich: Das von der Sommerdürre ausgetrocknete Bakahtal wird zu Quellort, der Regen segnet es, so liest es sich - vielleicht. Das wäre dann nichts Verwunderliches; das Laubhüttenfest fällt in die Zeit der ersten, milden Herbstregen. Wer sich aber ganz in der Obhut Gottes weiß, erlebt auch darin nicht nur ein meteorologisches Ereignis, sondern die Segnung des Schöpfers und seinen Bund mit Noah, dass nicht aufhören sollen Saat und Ernte, Sommer und Winter, Tag und Nacht...

Das Wort, das hier meist mit „Regen" übersetzt wird, hat aber noch eine andere, sogar besser belegte Bedeutung: „Lehrer". Vielleicht hängen beide Bedeutungen auch voneinander ab: ein guter Lehrer lässt, was in seinen Schülern angelegt ist, wachsen wie der Regen das Getreide, dass es schließlich Frucht trägt. Die Wallfahrt nach Jerusalem ist kein Schweigemarsch; man redet miteinander über das, wohin man wallfahrtet und warum; am Rastplatz hört man auf die mitwandernden Lehrer – und alle können einander zum Lehrer werden, wenn sie ihre Erinnerungen und weiterführenden Gedanken austauschen und zusammen weiter entwickeln. Es ist ein Wachsen im Glauben auf ein großes Ziel hin. Sie schreiten so von Kraft zu Kraft

Wie weit können wir uns als Christen des 21. Jahrhunderts in diesem Psalm und in den Gefühlen seines Sängern wiederfinden? Als Städter empfinden wir den Regen wohl eher als Zumutung denn als Segen - und aus der Geschichte haben wir gut begründete Vorbehalte vor Großveranstaltungen mit Gefühlsausbrüchen, wie auch dieses Tempelfest, zu dem der Sänger pilgert, eine zu sein scheint.

Und wie es auch das Passafest zu Jesu Zeiten gewesen sein muss. Von Festpilgern dort haben wir vorher in der Lesung aus dem Johannesevangelium gehört, von solchen, die sogar den weiten Weg von Griechenland gekommen waren. Auch sie wollten ihre Zugehörigkeit zum Gott Israels und seine Nähe zu ihnen handfester erleben, als das in Griechenland möglich war, um sich ihrer noch mehr zu versichern.

Aber dann hören sie etwas von einem besonderen Propheten, wenn nicht mehr als ein Prophet, und von Wundertaten bis hin zu einer Totenauferweckung. Sollte das der erwartete Messias sein? Und da einer aus seiner nächsten Umgebung griechisch spricht, machen sie sich an den heran und sagen: „Wir möchten Jesus sehen."

Aber Jesus, als er davon hört, weicht aus. Er spricht von seiner bevorstehenden Verherrlichung, womit er zuerst seinen Tod am Kreuz meint; er redet vom Sterben des Weizenkorns, damit es Frucht bringen kann, und vom Hass gegen das Leben in dieser Welt, um es über sie hinaus zu bewahren. Und vor allem spricht er von Dienst und Nachfolge, er, der auf dem Weg ans Kreuz ist.

Kann es einen größeren Gegensatz geben? Da, im Psalm, die überschäumende Festfreude - und hier die lebensgefährliche Nachfolge? Da die Fülle des Lebens - hier der Weg in den Tod?

Aber fragen wir erst einmal nach den Gemeinsamkeiten: Wer zum Tempel nach Jerusalem wallfahrtet, nimmt eine mühsame und auch teure Reise auf sich. Für die Zeit der Wallfahrt steigt er aus seinen täglichen Lebensbezügen aus. Ist er Bauer, müssen andere sich um sein Vieh und seinen Acker kümmern, ist er Handwerker oder Kaufmann, gehen ihm Aufträge verloren. Für die Zeit der Pilgerreise lebt er unbehaust, oft muss er unter freiem Himmel nächtigen. Das ist auch das, was Jesu Jünger auf sich nahmen, um ihm nachzufolgen, was spätere Missionare und viele andere um seinetwillen taten.

Und das Ziel der Pilgerreise ist auch kein endgültiges Ziel. Auch wenn der Sänger anderes ersehnt: Er kann nicht in Jerusalem, schon gar nicht im Tempel bleiben wie die Vögel, die dort nisten; das ist da nicht vorgesehen. Er kehrt also anschließend zurück in sein altes Leben - aber nicht als der Alte, der er vor seiner Reise nach Jerusalem gewesen ist. Sondern er nimmt in seinen Alltag mit, was er im Tempel so überschwänglich erfahren und auch gesungen hat: „Selig die Dein Haus bewohnen, immer preisen sie Dich!" und „Besser ein Tag in Deinen Höfen als tausend anderswo, ich will lieber im Hause meines Gottes an der Schwelle stehen als in Zelten des Frevels wohnen."

Seine Jerusalemer Erfahrungen begleiten ihn, die im Tempel verspürte Nähe Gottes nimmt er mit in seinen Alltag. Und er weiß: Besser den einen Tag mit Gott bewusst leben, als ohne ihn alt werden, lieber im Lebensbereich Gottes der Letzte sein, als Anerkennung ernten, wo man Gott missachtet. Es haben sich seine Wertvorstellungen geändert. Und das gilt ebenso für diejenigen, die Jesus nachfolgen, ja, das ist der erste Schritt der Nachfolge.

Wenn Jesus davon spricht, dass seine Nachfolger das Leben in dieser Welt hassen sollen, dann spricht er ja nicht von Selbstmord, sondern macht deutlich, dass in seiner Nachfolge nicht mehr das bestimmend ist, was sonst im Leben dieser Welt zählt: die Absicherungen um fast jeden Preis, vor allem um den der Gemeinschaft mit denen, die unsere Gemeinschaft bräuchten wie wir die ihre; Absicherung durch den Besitz an materiellen Gütern und Kampf gegen die, die nichts haben.

Das Leben, das darauf fußt, gilt es zu hassen. Und mit dieser Mitteilung ist Jesus gar nicht originell. Das wusste auch schon unser Psalmsänger, wenn er lieber an Gottes Türschwelle stehen will, als es sich im Zelt bequem zu machen, in dem die Maßstäbe der Welt gelten, in dem der Besitz an Dingen höher bewertet wird als der, der alle Dinge aus dem Nichts erschaffen hat.

Wie weltfremd ist solche Haltung? Ruft sie nicht aus allen Strukturen heraus, in denen wir leben? Verlangt Nachfolge Jesu wirklich, dass wir aus der Welt aussteigen?

Der Psalm verweist uns auf das Gegenteil: "Sieh her, unser Schild, schaue, o Gott, das Antlitz Deines Messias!"

Auf wen weist diese Bitte hin? Manche halten sie für einen Hinweis auf den König, der auch so genannt werden konnte; aber das in den Psalm eingearbeitet, als es schon lange keinen mehr gab? Das kommt mir wenig schlüssig vor. Der Königstitel ist hier längst auf Gott übertragen worden. Die Erinnerung an den irdischen König David ist aufgegangen in der Hoffnung auf einen Kommenden, Gottes Gesalbten, den Messias.

Mit ihm sollte alles neu und anders, die Schmach Israels als von Heiden abhängiges Gemeinwesen beendet und endlich in der Welt Frieden werden. Die Hoffnung auf den Messias ist eine eminent politische Hoffnung.

Aber wer ist der in diesem Psalm erwähnte Messias, dem Gott ins Angesicht schauen soll? Sprachlich ist er eindeutig die Gemeinschaft derer, die hier beten; er ist das zu Gott wallfahrende Israel: Im Hersehen auf dieses soll Gott das Antlitz seines Messias schauen.

Theologisch ist das etwas schwieriger. Jesus wurde von einigen seiner jüdischen Zeitgenossen für den Messias gehalten und hat dem nicht widersprochen. Obwohl er deren Messiashoffnungen nicht erfüllte, sondern am Kreuz starb, hat die Christenheit ihm diesen Titel belassen – als dem Auferstandenen, der dereinst wiederkommen und das Werk vollenden soll. Und in der Zwischenzeit?

In der Zwischenzeit ist es an uns als Jesu Nachfolger, das Werk weiter zu betreiben: Und das heißt nicht aussteigen, sondern verändern! Das gilt für den Psalm wie für das Wort von der Nachfolge Jesu: Die Welt soll nicht verlassen, im Stich gelassen werden, sondern in ihr soll Gottes Wille verwirklicht werden, im Leben hier und heute soll schon ein Stück ewigen Lebens und damit Nähe Gottes Realität werden! Der Psalmsänger erlebt das in der Gemeinde des Tempels, die so das Werk des Messias tut, und trägt es mit sich nachhause; die Nachfolger Jesu erleben das in der Gemeinde Jesu und tragen es in die Welt.

Das kann in schwierige und sogar tödliche Situationen führen, wie wir am Kreuz Jesu sehen: in den Widerspruch zum in der Welt herrschenden Willen. Aber diesen Widerspruch gilt es auszuhalten und letztlich zu überwinden!

Und das können wir auch, „Denn Sonne und Schild ist JHWH, Gott der Gnade und Ehre; JHWH gibt und verweigert Gutes denen nicht, die aufrichtig wandeln. JHWH Zebaoth, selig ein Mensch, der auf dich vertraut." Amen.

Lied 282, 4 – 6: Wir wandern...

(Gebet:) Herr, gepriesen und gesegnet bist Du, denn in Deinen Lebensbereich und in die Nachfolge Deines und Israels Sohnes sind wir berufen - ach, dass wir auch gingen! Aber da ist so vieles, von dem wir uns festhalten und von Dir abhalten lassen, so vieles, was uns Sicherheit und Glück verheißt und doch nur vorübergehend ist. Lass uns nicht länger an Dir vorbeigehen und an der Sicherheit und dem Glück, die von Dir Deiner ganzen Schöpfung bestimmt sind. Herr, vergib uns und bringe uns zurecht. Bringe uns als Einzelne zurecht und als Gemeinschaft, als deine Kirche in der Welt, die ihr in Wort und Tat Deinen heilsamen Willen kundtut. Wir bitten Dich für alle Mühseligen und Beladenen, für unsere Kranken und Trauernden; lass sie Deinen Trost erfahren. Sei nahe allen Sterbenden. Gib Hoffnung allen Hoffnungslosen. Bringe zurecht, die auf allerlei Abwege geraten sind und sich an Götzen gehängt haben, die Geschaffenes anbeten an Deines, des Schöpfers statt. Schenke den Regierenden und Mächtigen in allen Ländern Vernunft und Einsicht. Lass Frieden werden auf Erden, gerechten Frieden, der allen den Anteil an Deiner Schöpfung gibt, den sie zu einem würdigen Leben brauchen. Hilf uns, dafür zu arbeiten, und hilf uns allen, Deine Schöpfung so zu bewahren, dass sie auch noch den nachfolgenden Generationen Dein Lob verkündigen kann. Wir bitten Dich für Dein Volk Israel, dass es in Frieden Dir leben und dass von Jerusalem Frieden für die Welt ausgehen kann. Wir bitten mit den Worten Jesu:

Unser Vater im Himmel...

Predigt zu Psalm 85 an Pfingsten, 23. Mai 1999, in der Französischen Friedrichstadtkirche zu Berlin

Am Schluss des Gottesdienstes wurde das Abendmahl gefeiert.

Lieder vor der Predigt: 133, 1 + 7 + 9 + 11: Zieh ein zu deinen Toren..., 235, 1 - 4: O Herr, nimm unsre Schuld ... und 283, 1 - 3 + 6: Her, der du vormals ...

Weitere Texte: Die zehn Gebote, Ezechiel 11, 19 + 20., Apostelgeschichte 2, 1 – 13. und Fragen und Antworten 21 und 65 aus dem Heidelberger Katechismus

Predigttext: Psalm 85 (Zürcher Bibel von 1997)

Für den Chormeister. Von den Korachitern. Ein Psalm.
Du hast dein Land begnadigt, Herr, hast Jakobs Geschicke gewendet.
Du hast die Schuld deines Volkes vergeben, getilgt all ihre Sünde. *(Sela)*
Du hast zurückgezogen all deinen Grimm, abgewendet die Glut deines Zorns.
Wende dich zurück zu uns, Gott unsres Heils, und laß ab von deinem Unmut gegen uns.
Willst du uns ewig zürnen, deinen Zorn hinziehen von Geschlecht zu Geschlecht?
Bist du nicht der, der uns das Leben wiedergeben kann, dass sich dein Volk deiner freut?
Lass uns, Herr, deine Güte schauen, und schenke uns dein Heil.
Ich will hören, was Gott spricht: der Herr, er verkündet Frieden seinem Volk und seinen Frommen, damit sie nicht wieder in Torheit verfallen.
Nahe ist denen sein Heil, die ihn fürchten, dass Herrlichkeit wohne in unsrem Land.
Gnade und Treue finden zusammen, es küssen sich Gerechtigkeit und Friede.
Treue sprosst aus der Erde, und Gerechtigkeit schaut vom Himmel hernieder.
Der Herr gibt das Gute und unser Land seinen Ertrag.
Gerechtigkeit geht vor ihm her und bestimmt den Weg seiner Schritte.

Liebe Gemeinde,

vorgestern haben unsere jüdischen Mitbürger Schawuot gefeiert, das zweite der drei Wallfahrtsfeste im Jahreslauf, das sieben Wochen nach Passa begangen wird. Es ist ein Fest mit doppelter Bedeutung: Einmal wird Gott für die frühe Ernte gedankt, und wurden die Erstlinge vom Korn und anderen Früchten in den Tempel gebracht. Zum anderen wird an diesem Tag der Offenbarung am Sinai gedacht und der Gabe der Tora, der Weisung Gottes.

Schon zu Jesu Zeiten war es dazu Brauch, sich am Vorabend von Schawuot zusammenzufinden und über die Gabe der Tora, über die heutige Bedeutung der Weisung Gottes miteinander zu reden. Und solches miteinander Reden kann die ganze Nacht durch dauern, bis zum Morgen.

Vom Ende einer solchen Nacht haben wir vorhin gehört. Jesu Freunde und Anhänger waren alle beisammen - es muss größerer Raum, etwa eine Synagoge, gewesen sein - und am Morgen der Nacht, in der sie wohl von der Tora im Hinblick auf ihren getöteten und auferstandenen und gen Himmel gefahrenen Herrn gesprochen und diskutiert hatten, kommt ihnen eine gemeinsame Erkenntnis: „Vom Himmel her ein Brausen, wie wenn ein gewaltiger Wind daherfährt, und erfüllte das ganze Haus, worin sie saßen. Und es erschienen ihnen Zungen, die sich zerteilten, wie von Feuer, und es setzte sich auf jeden unter ihnen." Sie erkennen also einander so, wie das Volk Israel am Sinai Moses gesehen hatte! „Und sie wurden alle mit dem heiligen Geist erfüllt und fingen an, in andern Zungen zu reden, wie der Geist ihnen auszusprechen gab." Wie Gott durch Moses geredet hatte, so redet er jetzt durch die ganze Jesus-gemeinde. Das ist das Pfingstwunder, dessen wir heute gedenken, und das als der Anfang der Kirche gilt - die allerdings, wie wir wissen, auf dieses Wunder nicht abonniert ist, sondern es sich bestenfalls immer wieder durch die Beschäftigung mit der Tora und den anderen biblischen Büchern und ihrer Aktualität für die jeweilige Zeit neu erwerben kann, wenn sie denn beim Thema bleibt.

Etwas Ähnliches wie das Gemeinsame Hören an Schawuot schildert auch unser Psalm: „Ich will hören, was Gott spricht." Wie soll man das nach der Sinaioffenbarung anders hören, als in der Predigt und im Gespräch innerhalb der Gemeinde? Und was ist da zu hören?

„Der Herr, er verkündet Frieden!" Welch großartiges Wort in dieser Zeit; welch schwieriges Wort heute! Wem wird hier und heute Frieden verkündet?

„Seinem Volk und seinen Frommen." Das sind die, die Er selbst sich zu seinem Frieden erwählt hat und die versuchen, mit der Tora und aus ihr zu leben. Ein Versuch, der anscheinend immer wieder misslingt - und deshalb immer neu gemacht werden muss:

„Damit sie nicht wieder in Torheit verfallen." So übersetzt richtig die neue Zürcher Bibel. Gott verkündet seinem Volk und seinen Frommen Frieden, damit sie nicht wieder (!) in Torheit verfallen.

Das Wort *chislah*, das hier für „Torheit" steht, kommt als Hauptwort in der hebräischen Bibel nur zweimal vor, hier und bei Hiob, wo man es allerdings, dem Zusammenhang entsprechend, mit „Hoffnung" übersetzt: „Ist nicht deine Gottesfurcht dein Vertrauen, und dein unsträflicher Wandel deine Hoffnung?" So versucht Hiobs falscher Freund Eliphas von Theman Hiob langsam zur Einsicht zu bringen, dass sein großes Unglück eine Strafe Gottes sein muss.

Hoffnung als Torheit: Es ist eine falsche Hoffnung und deshalb eine Torheit zu meinen, dass wir durch unsere private Frömmigkeit Gott etwas abringen könnten, etwa den Frieden, von dem er zu den Seinen spricht, oder dass wir Gott in irgendeiner Weise berechnen könnten. Hören sollen wir! Hören, wie Gott von Frieden spricht.

Und wie spricht Gott von Frieden? Der Psalm gibt keine Beschreibung wieder: So und so ist der Frieden. Denn offenbar ist er nichts Statisches, das sich festschreiben ließe, sondern etwas, das geschieht.

Der Frieden, nach dem wir uns heute sehnen, wäre dagegen erst einmal, dass etwas aufhört zu geschehen, dass nicht weiter Bomben auf Jugoslawien abgeworfen werden, dass nicht weiter Menschen vertrieben oder umgebracht werden, dass die Umweltkatastrophe, die sich da abzeichnet, nicht weiterbetrieben wird: „Des Krieges Schluss, der Waffen Ruh und alles Unglücks Ende", hieß das vorhin im Psalmlied von Paul Gerhard. Und das ist ja auch zuerst einmal nötig, um dann zu sehen, wie man mit dem angestauten Hass und dem angerichteten Scherbenhaufen umgehen kann. Wäre das schon der Frieden, den Gott Verkündet?

Es gehört gewiss dazu. Denn wo Mord und Völkervertreibung betrieben werden, da ist Gott nicht zu hören.

Der Frieden, den Gott verkündet, ist aber eingebunden in mehr: Von Gnade und Treue ist da die Rede, und vor allem von Gerechtigkeit: „Gnade und Treue finden zusammen, es küssen sich Gerechtigkeit und Friede." Das sind zwei Begriffspaare, die jeweils noch zusammenkommen müssen, damit wirklich Frieden ist, und je ein Begriff ist Gottes und der je andere unsere Sache: „Treue sprosst aus der Erde, und Gerechtigkeit schaut vom Himmel hernieder.", heißt es im folgenden Vers, und wäre folgerichtig zu ergänzen: Gnade schenkt er von oben - und Frieden zu schaffen hier ist unten ist unsere Sache. Aber nicht ohne die Treue gegen Gottes Weisung und nicht ohne seine Gnade, die uns erlaubt, nach der Schuld neu anzufangen, und nicht ohne die Gerechtigkeit, die er uns lehrt, die Gerechtigkeit, die die Armen und Benachteiligten und Heimatlosen und auch die schuldig Gewordenen nicht ihrem - wie es heißt: gerechten - Schicksal überlässt, sondern sie annimmt, sie in Ordnung bringt und ihnen ihre Menschenwürde auch in materieller Hinsicht zurückgibt.

In der Zeit, aus der der Psalm zu stammen scheint, war es damit für das Volk Israel, besser: den Stadtstaat Jerusalem, nicht gut bestellt. Zwar war den nach Babylonien verschleppten Jerusalemern die Heimkehr ermöglicht worden - „Du hast dein Land begnadigt, Herr, hast Jakobs Geschicke gewendet." ein selbstverschuldetes Geschickt, wie der Psalm das beurteilt; aber: „Du hast die Schuld deines Volkes vergeben, getilgt all ihre Sünde." - doch weder die Heimkehr hatte sich so großartig vollzogen, wie der zweite Jesaja es den Verschleppten angekündigt hatte, noch die Wirklichkeit in Jerusalem, wo man nun zwischen den Trümmern der Vorzeit hauste und den Übergriffen der benachbarten Wüstenvölker hilflos ausgeliefert war. In dieser trostlosen Situation, von der der erste Teil des Psalms handelt, erinnert sich das Volk: „Bist du nicht der, der uns das Leben wiedergeben kann, dass sich dein Volk deiner freut?" und bittet: „Lass uns, Herr, deine Güte schauen, und schenke uns dein Heil."

Das müssen wir, wollen wir den Psalm verstehen, mitbedenken; und wenn wir ihn uns gar zu eigen machen wollen, müssen wir uns dazu auch über unsere eigene Situation klar sein: Rein materiell geht es den meisten von uns gut; wir haben intakte Häuser zum Wohnen und genug, wenn nicht gar zu viel, zu Essen, leben scheinbar in Frieden, ungeachtet unserer Landsleute, die da Bomben auf Jugoslawien werfen. Und wissen bei alledem, es ist so doch nicht in Ordnung, jedenfalls nicht in Gottes Ordnung, die den Fremden schützt und den Flüchtling aufnimmt und in der es keine Armen gibt. So jedenfalls lernen wir es bei unserer heute unterbrochenen Predigtreihe über das 5. Buch Moses. Es ist nicht in Ordnung, dass es bei uns Superreiche gibt und solche, denen es am Nötigsten und gar am Dach über dem Kopf fehlt; es ist nicht in Ordnung. dass wir reich sind auf Kosten anderer Völker, es ist nicht in Ordnung, wenn wir über dem Krieg, an dem wir ja nicht unbeteiligt sind, zur Tagesordnung übergehen oder immer neu nur unsere Ratlosigkeit beklagen, statt Rat dort zu suchen, wo er ist: nämlich indem wir „hören, was Gott spricht; der Herr, er verkündet Frieden seinem Volk und seinen Frommen, damit sie nicht wieder in Torheit verfallen."

Aber was ist praktisch unsere Aufgabe dabei? In der Pfingstgeschichte wird uns berichtet, dass die Gemeinde, die da lange über Gottes Wort geredet hatte und dann mit Gottes Geist erfüllt wurde, hinausging zu den Leuten und mit ihnen redete, und zwar so, dass alle es verstehen konnten. Und nichts anderes wird von uns erwartet. Eine Kirche, die angesichts des Krieges und vielleicht aus Rücksicht auf ihre Militärpfarrer nur Betroffenheit und Ratlosigkeit demonstriert, wird nicht mehr verstanden. Verstanden wird sie nur, wo sie klar spricht, und das heißt auch, Rechtsbruch Rechtsbruch, diplomatisches Versagen Versagen, Angriffskrieg Angriffskrieg, kurz: Sünde Sünde zu nennen. Und sich dem zu verweigern und das Ende davon zu fordern.

Aber vielleicht ist unsere Kirche dazu nicht in der Lage, weil sie der Heilige Geist verlassen hat? Ich habe eher das Gefühl, dass nicht der Heilige Geist die Kirche, sondern die Kirche den Heiligen Geist verlassen hat, in dem Moment, wo sie begann, sich mehr um ihr bürgerliches Überleben und um ihre Akzeptanz in der unfrommen Öffentlichkeit zu sorgen, als Gott zu fürchten. Denn wir sind dieser Öffentlichkeit nicht Anpassung, sondern das Wort Gottes schuldig. Und der Heilige Geist ist nicht etwas, was man entweder hat oder nicht hat, sondern etwas, das geschieht, indem wir auf das Wort Gottes hören, es weitergeben und die Konsequenzen daraus ziehen.

Das klingt vielleicht hart und gesetzlich. Aber es ist das Gesetz des Handelns, das entgegen allen politischen Programmen eine wirkliche und wahre Verheißung in sich trägt, die, die der Psalm verheißt: „Gnade und Treue finden zusammen, es küssen sich Gerechtigkeit und Friede. Treue sprosst aus der Erde, und Gerechtigkeit schaut vom Himmel hernieder. Der Herr gibt das Gute und unser Land seinen Ertrag. Gerechtigkeit geht vor ihm her und bestimmt den Weg seiner Schritte." Lasst uns ihm entgegengehen! Amen

Lied 136, 1 - 4: O komm, du Geist der Wahrheit ...

(Gebet:) Herr, wir preisen und loben das Evangelium Deiner Offenbarung, in der wir Deinen Willen zu erkennen versuchen. Wir preisen und loben Dich, weil Du allein Frieden verkündest, der diesen Namen verdient. Und wir bitten Dich für die, die statt in Frieden im Krieg leben müssen - und gebrauchen dazu Gebetsworte, die uns aus den Evangelischen Kirchen Serbiens übermittelt worden sind:

Wir bitten für alle Männer, die zwangsweise von der serbischen Militärpolizei oder von der Befreiungsarmee des Kosovo, der UCK, eingezogen sind, und für die eingeschüchterten Frauen und Kinder, die zurückbleiben.

Wir bitten für alle, die in der Nähe der großen Raffinerien und der chemischen Industrien in Serbien und im Kosovo leben und die Angst vor Vergiftung haben, wenn die Natobomben explodieren.

Wir bitten für die Frauen, die versuchen, ihre Familien zusammenzuhalten, und die der Vergewaltigung und dem sexuellen Missbrauch von Seiten der Serben oder der UCK ausgesetzt sind.

Wir bitten für die Christen, deren Glaube von ihnen jetzt verlangt, „Pfleger von Traumata" für die eigenen Nächsten inmitten des Krieges zu sein, besonders für die Alten, die sich noch der Schrecken des 2. Weltkriegs erinnern.

Wir bitten für die, die von ihren Häusern fortgerissen wurden, besonders für die Flüchtlinge, die sich über Mazedonien, Albanien und Montenegro ergießen, und für die 100.000 Flüchtlinge, die in Belgrad Opfer der verschiedenen regionalen Kriege der letzten 10 Jahre sind.

Herr, diesen Gebetsworten aus Serbien fügen wir hinzu: Wir bitten Dich für alle in Jugoslawien, die den Frieden wollen, dass ihre Hoffnung darauf nicht untergeht sondern bald erfüllt wird, die Geflüchteten zurückkehren können und die Menschen sich ohne Angst an die Arbeit des Wiederaufbaus machen können. Dazu bitten wir Dich auch für die Mächtigen, die den Krieg führen: Lass sie erkennen, dass sie Schuld auf sich laden und führe sie zur Umkehr.

Wir bitten Dich aber auch um die, die bei uns Angst vor dem Krieg haben, die ratlos sind und aus der Bahn geworfen, für alle, die krank oder einsam sind, für alle, die unsere Hilfe brauchen, dass ihnen auch geholfen werde.

Und wir bitten Dich: stärke uns dazu auch in dem Mahl, zu dem Du uns nun an Deinen Tisch einlädst.

Gemeinsam bitten wir mit den Worten Jesu: Unser Vater im Himmel...

Predigt zu Psalm 90 am Ewigkeitssonntag, 24. November 2002, auf dem Kirchhof in der Wollankstraße, Berlin-Wedding

Lieder vor der Predigt: 179, 1. 2. 4. 6.: In dich hab ich gehoffet, Herr...und 462, 1 – 4.: Himmelan geht unsre Bahn...

Weitere Texte waren: Lukas 12, 35. und im Zusammenhang mit der Verlesung der Namen der im Kirchenjahr Verstorbenen Genesis (1. Mose) 3, 19c. und Römer 8, 28 – 30..

Predigttext: Der 90. Psalm (Zürcher Bibel von 1931)

Ein Gebet Moses, des Mannes Gottes. O Herr, Du warst unsere Zuflucht von Geschlecht zu Geschlecht.
 Ehe die Berge geboren waren und die Erde und die Welt schaffen,bist Du Gott von Ewigkeit zu Ewigkeit.
Du lässest die Menschenkinder zum Staube zurückkehren, sprichst zu ihnen: „Kehret zurück, ihr Menschenkinder!"
Denn tausend Jahre sind vor Deinen Augen wie der gestrige Tag, wenn er vergangen, wie eine Wache in der Nacht.
Du säest sie aus, von Jahr zu Jahr, sie sind wie das sprossende Gras:
am Morgen erblüht es und sprosst, am Abend welkt es und verdorrt.
Denn wir vergehen durch Deinen Zorn, fahren plötzlich dahin durch Deinen Grimm.
Du hast unsere Sünden vor Dich gestellt, unser Geheimstes in das Licht Deines Angesichts.
Ja, all unsere Tage schwinden durch Deinen Zorn, unsere Jahre gehen dahin wie ein Seufzer.
Unser Leben währet siebzig Jahre, und wenn es hoch kommt, sind es achtzig Jahre, und das meiste daran ist Mühsal und Beschwer; denn eilends geht es vorüber und wir fliegen dahin.
Wer erkennt die Gewalt Deines Zorns, und wer hegt Furcht vor Deinem Grimm?
Lehre uns unsere Tage zählen, dass wir ein weises Herz gewinnen.
Kehr doch wieder, o Herr! Ach wie lange! Habe Erbarmen mit Deinen Knechten!

Sättige uns frühe mit Deiner Gnade, dass wir frohlocken und uns freuen unser Leben lang.
Erfreue uns so viele Tage, wie Du uns beugtest, so viele Jahre, wie wir Unglück litten.
Lass Deine Knechte Dein Walten schauen und ihre Kinder Deine Herrlichkeit.
Die Huld des Herrn, unseres Gottes, sei über uns! Das Werk unserer Hände wollest Du fördern, ja, fördere es, das Werk unserer Hände !
Amen

Liebe Gemeinde,
 der Psalm für den Ewigkeitssonntag hat eine besondere Schwere; er spricht in seinem ersten Teil von Gottes Zorn und Grimm wie von einem unausweichlichen Schicksal, an dem der Mensch zugrunde gehen muss, und rückt Gott anscheinend in eine weite Ferne. Als ein schwermütiges Klagelied wird er in der theologischen Literatur bezeichnet oder als Bußpsalm, der dann in die Bitte mündet, dass Gott sich doch trotz allem wieder erbarmend und huldvoll den Seinen zuwenden soll. Die Frage nach dem Jenseits und nach Todesüberwindung soll sich hier nicht finden.
 Dem will ich widersprechen. Von „Ewigkeit" direkt ist hier allerdings zunächst wirklich nur im Blick auf Gott die Rede; nur er ist „von Ewigkeit zu Ewigkeit", und zwar schon „ehe die Berge geboren und Erde und Weltall geschaffen" waren, und tausend Jahre sind für ihn ein unbedeutender, schon vergessener Moment. Das klingt zuerst fern, unbegreiflich, erschlagend. Und wer sich davon erschlagen lässt, weil er nicht weiter fragt, wird Gott auch nur als den Zornigen, Grimmigen erfahren, wie er in diesem Psalm genannt wird.
 Aber die Ferne stimmt nicht. Denn gerade dieser, in seiner Ewigkeit so fern Scheinende, muss doch ein ganz Naher sein: „Du warst unsere Zuflucht von Geschlecht zu Geschlecht" ist das erste Wort des Psalms. Das erinnert an frühere Zeiten. „Kehre doch wieder, o Herr! Ach, wie lange!" Daraus spricht die Sehnsucht derer, denen diese Zuflucht jetzt fehlt, die sich ohne Gott schutzlos ausgeliefert fühlen.
 Wem ausgeliefert? In diesem Psalm ist nicht von Feinden und Bedrängern die Rede wie in vielen anderen. Es ist die Rede von uns selbst und unserer Sterblichkeit, wir „sind wie das sprossende Gras, am Mor-

gen erblüht es und sprosst, am Abend welkt es und verdorrt." Und Gott lässt uns „zum Staube zurückkehren."

Das ist Lebenserfahrung; allerdings eine, die von einer ziemlich hohen Warte auf das Menschenleben blickt, abgeklärt und weise. Für die, die noch mitten drin stecken, ist das Leben etwas anderes, und zu dieser Sicht mitten aus dem Leben kommt der Psalm in seinem zweiten Teil. Aber so weit sind wir noch nicht.

Erst einmal ist die Rede von der Vergänglichkeit des Lebens. Siebzig bis achtzig Jahre billigt der Psalm uns zu – 120 Jahre sind es nach 1. Mose 6. In jedem Fall zeitlich beschränkt. Und das wird zurückgeführt auf Gottes Zorn und seinen Grimm. Wovon wird hier eigentlich gesprochen?

Für „Zorn" steht im Hebräischen „aph", was in seiner Grundbedeutung „Nase" heißt; der Zornige schnaubt durch die Nase. Der „Grimm" heißt „chemah", was in der Grundbedeutung „Erregung" heißt, wobei etwas von Rausch mitklingt. So hart und schwer diese Aussagen des Psalms sind, dass wir durch Gottes „aph" und „chemah", durch sein Zornesschnauben und seine berauschte Erregung vergehen und dahinschwinden, so ist doch auch zu beachten, dass es sich hier um sehr persönliche Regungen Gottes handelt – alles andere als ein fernes Walten.

Und mittendrin steht der Satz: „Du hast unsere Sünden vor Dich gestellt, unser Geheimstes in das Licht Deines Angesichts." An dem Wort „Sünden" ist nichts zu beschönigen; und das „Geheimste" ist das, was wir um jeden Preis zu verbergen suchen. Und ausgerechnet das stellt Gott selber vor sich, ja mehr: in das Licht seines Angesichts. Warum? Um einen Grund zu finden, uns zu verderben? Hat er das nötig?

Es gibt zwei Möglichkeiten, das zu verstehen. Die eine kommt von dem Gedanken, dass, wer Gottes Angesicht schaut, sterben muss, eine Aussage, die in der Bibel öfter vorkommt, deren Wahrheitsgehalt aber nirgends in der Bibel belegt ist. Nur Mose, dem dieser Psalm gewidmet ist, und Elia kamen überhaupt in die Nähe der Gelegenheit, Gottes Angesicht zu sehen. Und von beiden heißt es, dass sie kein Grab haben, von Elia sogar ausdrücklich, dass lebend in die Himmel entrückt worden ist. Beider irdisches Leben ist also zu Ende gegangen. Und beider Leben mit Gott dauert an: von Ewigkeit zu Ewigkeit.

Was vergeht, ist unsere menschliche Natur, die nicht nur Ebenbild Gottes ist, wie uns der erste Schöpfungsbericht mitteilt, sondern auch

Auflehnung gegen Gott, wie man zwei Kapitel später lesen kann und wie auch wir es täglich leben. Ist es denn wirklich Strafe, dass das einmal aufhört? Ist es nicht auch ein Stück Gnade, dass wir in unserer menschlichen Gestalt, mit unserem menschlichen Sorgen, mit all unseren Ängsten und Beschwerden und mit all unserer Schuld auf unsere mal längere, mal kürzere Lebenszeit beschränkt bleiben, statt auf diese Weise ewig leben zu müssen?

Die andere Möglichkeit, den Vers „Du hast unsere Sünden vor Dich gestellt, unser Geheimstes in das Licht Deines Angesichts." zu verstehen, leitet sich von der biblischen Segensformel ab: „Lasse Dein Angesicht leuchten über uns, erhebe Dein Angesicht auf uns!" In all unser Schwäche und Schuld und Sterblichkeit sind und bleiben wir doch Gesegnete des Herrn! All das ändert nichts daran, dass er unsere Zuflucht bleibt, wie für viele Generationen vor und, so wollen wir hoffen, auch nach uns.

Und aus beiden Möglichkeiten erschließt sich dann auch die Aussage des Psalms „Du lässest die Menschenkinder zum Staube zurückkehren, sprichst zu ihnen: «Kehret zurück, ihr Menschenkinder!»" Das kann dann keine Rückkehr nur in den Staub sein. Sicher, das, was von uns vergänglich ist, kehrt zurück in den Staub, aus dem immer wieder neu vergängliches Leben entsteht. Aber wir sind nicht nur Staub, nicht nur Zufallsprodukte der Natur. Sondern da ist der, der „unsere Sünden vor sich stellt, unser Geheimstes in das Licht seines Angesichts." In seinen Segen, in seine Gegenwart, die „von Ewigkeit zu Ewigkeit" ist.

Und die auch nicht erst irgendwann dereinst beginnt. Das wäre ein Trost nur für später, eher eine Vertröstung, Heinrich Heines „Eia-popeia vom Himmel, mit dem man einlullt, wenn es greint, das Volk, den großen Lümmel."

Deshalb braucht der Psalm seinen zweiten Teil, zu dem die Bitte überleitet: „Lehre uns unsere Tage zählen, dass wir ein weises Herz gewinnen." Hier wird der Blick weg von Vergehen, Tod und Vergeblichkeit auf das Heute gerichtet. Das weise Herz zählt die Tage nicht nur auf ihr Ende hin (von dem es allerdings auch weiß), sondern es zählt sie als erfüllte und zu erfüllende Zeit. Und das kann sie nur sein, wenn sie auch schon hier und heute Zeit mit Gott ist.

Als solche wird aber nicht jede Zeit erlebt; der Psalm spricht aus einer Situation heraus, die als Gottverlassenheit empfunden wird: „Kehre doch wieder, o Herr! Ach, wie lange! Habe Erbarmen mit Deinen Knechten!", als eine Zeit des Unglücks, wie wir sie alle auch kennen. Wie soll man da herauskommen?

Aus eigenen Kräften sicher nicht. Deshalb die Bitte: „Sättige uns frühe mit Deiner Gnade, dass wir frohlocken und uns freuen unser Leben lang." Die „Gnade", um die hier gebetet wird, bezeichnet zum einen die Liebe und den Gnadenerweis Gottes an uns Menschen. Zum anderen aber bezeichnet das Wort auch die Frömmigkeit des Menschen, das heißt: seine Anhänglichkeit und Liebe zu Gott. Insgesamt also ein wechselseitiger Vorgang: Gott erweckt durch seine Gnade die Gottesliebe der Menschen, und in der Gottesliebe erfährt der Mensch Gottes ganze Zuwendung zu ihm. Die Gottesliebe der Menschen aber ist in der Hebräischen Bibel immer ein Tun, sie ist die Erfüllung der Tora, das Leben nach der Weisung Gottes. In solchem Leben wird Gott erfahren.

War im ersten Teil des Psalms davon die Rede, dass Gott uns Menschen trotz unserer Sündenschuld und Sterblichkeit mit dem ewigen Licht seines Angesichts beschenkt und uns in sein Leben von Ewigkeit zu Ewigkeit zurückruft, so ist in diesem zweiten davon die Rede, dass das auch schon in diesem sterblichen Leben so sein kann, genauer: dass die Ewigkeit schon hier und heute beginnt – wo wir unser Leben ein Leben mit Gott sein lassen, nicht nur im Gefühl, sondern auch in der Tat. Darum bittet die Gemeinde: „Lass Deine Knechte Dein Walten schauen und ihre Kinder Deine Herrlichkeit. Die Huld des Herrn, unseres Gottes, sei über uns ! Das Werk unserer Hände wollest Du fördern, ja, fördere es, das Werk unserer Hände!"   Amen

Psalm 25, 1 – 5. Ich erhebe mein Gemüte …

(Gebet.) Herr, Wir preisen Dich für die Ewigkeit, die Du schon in der Zeit schenkst. Lass sie uns doch nur erfassen! Sättige uns frühe mit Deiner Gnade, dass wir frohlocken und uns freuen unser Leben lang! Aber wir kennen auch die Gottferne und die Angst vor der Vergänglichkeit, die sie in uns schürt. Mache uns deshalb Mut, immer wieder neu mit Dir zu beginnen, uns einzulassen auf Deine Weisung und Verheißung, bis Dein Reich, das unter uns schon begonnen hat, vollendet sein wird. Auf dem schweren Weg dahin bitten wir Dich für alle Traurigen und Bedrückten: Lass sie aus Deiner Nähe Trost erfahren. Wir bitten Dich für die, denen ihre Welt zusammenbricht durch Gewalt, Krankheit oder die Trennung von Menschen: Lass sie Beistand erfahren von Dir und von Menschen, die ihnen zur Seite sind. Wir bitten Dich auch für die, die voller Hass sind und denen nichts heilig ist, die andere ausbeuten, quälen oder verhungern lassen: Rufe sie zur Besinnung und Umkehr von ihren bösen Wegen. Herr, schütze die Liebenden; stärke die, die Frieden schaffen ohne Waffen, die gerecht teilen wollen, was Du allen schenkst, die bewahren und behüten wollen, was Du geschaffen hast. Segne Dein Volk Israel mit Frieden und hilf Deiner Kirche, wirklich Dein zu sein. All unsere Bitten fassen wir zusammen mit den Worten, die Dein Sohn uns gelehrt hat: Unser Vater im Himmel...

**Predigt zu Psalm 91 am 21. Februar 2010
in der Schlosskirche Berlin Köpenick**

Lieder im Gottesdienst vor der Predigt waren: 165, 1 – 3. 8.: Gott ist gegenwärtig... und 374, 1. 2. 5.: Ich steh in meines Herren Hand...

Weitere Texte waren 1. Johannesbrief 3, 8b., die Zehn Gebote mit der Summe des Gesetzes, Lukas 2, 25 – 32. und ein Credo von Kurt Anschütz.

Predigttext: der Wochenpsalm für die erste Woche der Passionszeit, Psalm 91:

Wer im Schutz des Höchsten wohnt, nächtigt im Schatten des Allmächtigen.
„Ich spreche zu JHWH: «Meine Zuflucht und meine Burg, mein Gott!», auf Ihn vertraue ich."
„Ja Er, Er errettet dich aus dem Netz des Vogelstellers, aus der Pest des Verderbens.
Mit seinem Flügel bildet Er dir ein Schutzdach, und unter Seinem Flügelpaar birgst du dich, Seine Treue ist Schild und Schutz.
Du fürchtest dich nicht vor dem Schrecken der Nacht, vor dem Pfeil, der bei Tag fliegt,
vor der Pest, die im Dunkeln ihren Weg geht, vor dem Sturm, der am Mittag verheert.
Es scheitern an deiner Seite Tausend und Zehntausend an deiner Rechten, an dich tritt es nicht heran.
Da blickst du mit deinen Augen hin und siehst die Heimzahlung an den Bösen."
„Ja Du, JHWH, bist meine Zuflucht! Du, Höchster, errichtest Deine Wohnung."
„Böses begegnet dir nicht, und Plage naht sich nicht deinem Zelt.
Denn Seine Engel bietet Er für dich auf, dich zu hüten auf all deinen Wegen.
Auf den Händen tragen sie dich, dass du deinen Fuß nicht an einem Stein stößt.

Über Leu und Giftschlange schreitest du, trittst nieder Löwe und Drache."
„Ja, er hangt mir an, und ich rette ihn, ich schütze ihn, denn er achtet meinen Namen.
Er ruft mich, und ich antworte ihm; ich bin mit ihm in der Bedrängnis, ich reiße ihn heraus und ehre ihn.
Mit der Fülle der Tage sättige ich ihn und lasse ihn mich in meiner Herrlichkeit schauen."   Amen

Liebe Gemeinde,
muss man über diesen Psalm noch predigen? Wäre es nicht richtiger, ihn einfach nur zu hören und mitzubeten? Oder ihn nachzusingen aus dem Genfer Psalter, den wir aber hier leider nicht zur Verfügung haben?

Trotzdem lade ich Sie ein, mit mir über diesen Psalm und über ihn hinaus nachzudenken. Denn er eröffnet Ausblicke weit über unsere tägliche Erfahrung hinaus.

Der Psalm ist ein Gespräch; nach dem Eingangsvers „Wer im Schutz des Höchsten wohnt, nächtigt im Schatten des Allmächtigen.", der das Thema benennt, wechseln ein Ich und ein Du ab, und nur bei den drei letzten Versen ist klar, wer da spricht: Es ist Gott selber, der da sagt: „Er hangt mir an, und ich rette ihn...". Da steht zwar im hebräischen Text die maskuline Form, man kann aber ebenso sagen: „Sie hangt mir an, und ich rette sie...", denn Gott hat gewiss eine Sprache, die jede und jeden von uns anspricht. Wenn wir uns denn ansprechen lassen.

Alles vorher ist Gespräch zwischen Menschen. In der Ichform hören wir zwei knappe Sätze, die wie ein Bekenntnis klingen: „Ich spreche zu JHWH: «Meine Zuflucht und meine Burg, mein Gott!», auf ihn vertraue ich." Und etwas später „Denn du, JHWH, bist meine Zuflucht! Du, Höchster, errichtest deine Wohnung." Dieses Ich nennt Gott jeweils *machsij*, meine Zuflucht, ein Wort, das fast nur von Gott oder seinem Bereich gebraucht wird, meist wie hier in Verbindung mit Fels und Burg und seiner Wohnung. Die profane Bedeutung von *machsäh* erschließt sich aus dem 104. Psalm, wo von Steinbock und Klippdachs die Rede ist, denen die höchsten Berge und Felsen Zuflucht sind: unerreichbar für alle, die ihnen nachstellen könnten.

Einen solchen Schutzbereich sucht das Ich des Psalms – und findet oder erfährt ihn dort, wo Gott wohnt. Das ist, davon gehen alle mir bekannten Ausleger aus, das Heiligtum in Jerusalem, der Tempel, in den Verfolgte fliehen konnten und Asyl fanden, Schutz vor ihren Anklägern.

Mag sein, dass der Psalm dort seinen ursprünglichen Ort hatte. Aber Israel hat auch erfahren, dass Gott nicht ortsgebunden ist; in Babylonien, nach der Zerstörung des Heiligtums, war er weiter ihre Zuflucht, und heute, nach bald 2.000 Jahren ohne Tempel, ist er es nach wie vor, unabhängig davon, wo jemand sich aufhält.

Trotzdem ist das eine problematische Aussage. Wie war das denn mit der Zuflucht, als im Mittelalter die Heere der Kreuzfahrer auf ihren Wegen zum Mittelmeer alle jüdischen Gemeinden vernichteten? Wie war das mit der Zuflucht, wenn die jüdischen Gemeinden in Osteuropa von Pogromen heimgesucht wurden? Wie war das mit der Zuflucht, als im vorigen Jahrhundert die fabrikmäßige Ermordung der europäischen Judenheit betrieben wurde? Wie ist das heute, wo eine Mauer ist, die nicht nur palästinensische Selbstmordattentäter fernhalten soll, sondern auch für das übrige Israel so etwas wie eine neue Ghettosituation schafft?

Wie ist das mit der Zuflucht? Ist sie aufs Jenseits beschränkt? Mit Martin Luther gesagt: „Nehmen sie den Leib, Gut, Ehr, Kind und Weib: lass fahren dahin, sie haben's kein Gewinn, das Reich muss uns doch bleiben."? Wenn sie den Leib nehmen, dann kann es sich bei diesem Reich ja nur um ein jenseitiges handeln, dann wäre das Eingangstor in die Zuflucht unser Sterben.

Ob dieser Gedanke dem Psalm gänzlich fremd ist, will ich nicht beurteilen. Aber er steht keinesfalls im Vordergrund. Denn beide Male, wo das Ich Gott als seine Zuflucht bekennt, bekommt es handfeste Zusagen: „Ja Er, Er errettet dich aus dem Netz des Vogelstellers, aus der Pest des Verderbens." und „Böses begegnet dir nicht, und Plage naht sich nicht deinem Zelt." Das erste passt zur Situation dessen, der beim Tempel Asyl sucht, den seine Ankläger in ein Netz von Lügen verstricken wollen, und Hans-Joachim Kraus macht folglich aus der „Pest des Verderbens" ein „Wort des Verderbens"; *midwar* statt *midäwär*, wozu er nur die Vokalisationspunkte des Wortes verändern muss, die Konsonanten bleiben die selben: dann handelt es sich um die falsche Anklage oder Verleumdung.

Aber so ganz will mir die Erklärung mit dem Asylsuchenden nicht genügen. Dazu sind mir die weiteren Zusagen zu groß und weit, egal ob man sie wörtlich oder bildlich nehmen will. Das Bild von den Flügeln wird ja gleich aufgelöst: „Seine Treue ist Schild und Schutz". Die Treue Gottes. Der Bund, den er geschlossen hat, in Noah mit der Menschheit, in Abraham und seinen Nachfahren mit Israel, aber nicht nur für Israel, sondern durch es auch wieder für alle Völker der Erde. Wer diese Treue erkennt, sie zu seiner Zuflucht macht, kann angstfrei leben, wie das Vogeljunge unter den Flügeln der Glucke. Bei allem Lebensfeindlichen, was ihr oder ihm widerfährt - Schrecken der Nacht, Pfeil bei Tag, Pest im Dunkeln, Sturm am Mittag – egal, ob oder wie wir diese Bilder konkret besetzen wollen: Wer Gott als Zuflucht hat und sich in seiner Treue geborgen weiß, weiß auch, dass er dabei nie tiefer fallen kann als in Gottes Hand. Im Leben und im Sterben.

Zwei Verse im Psalm bereiten oft Schwierigkeiten und werden deshalb hinten im Evangelischen Gesangbuch einfach weggelassen; sie lauten in der Zürcher Übersetzung wie fast gleich in der Luthers: „Ob tausend fallen an deiner Seite, zehntausend zu deiner Rechten, dich trifft es nicht. Ja, mit eignen Augen darfst du es schauen, darfst sehen, wie den Gottlosen vergolten wird." So übersetzt klingt das nach dem einsamen Überlebenden in der Schlacht von Stalingrad; das ist aber nicht gemeint. Das Verb *naphal*, das meist mit „fallen" zu übersetzen ist, bedeutet mit der Präposition *min*, wie hier, dass Pläne hinfällig werden, also jemand mit einem Vorhaben scheitert. Die Tausende und Zehntausende scheitern mit ihren bösen Vorhaben an denen, deren Zuflucht Gott ist, die von seiner Treue getragen sind, und die dürfen dieses Scheitern beobachten.

Ich halte das angesichts dessen, was sich heute weltweit an Ungerechtigkeit abspielt, für einen Hoffnungssatz: Alle, die sich auf Kosten der Armen dieser Welt bereichern, werden damit letztlich scheitern, ihr vermeintlicher Erfolg ist ihre Niederlage. Denn Gott ist die Zuflucht der Armen. Die, die sie bedrücken und ausbeuten, haben damit zwar jetzt Erfolg, aber sie werden gerade an diesem Erfolg scheitern und ersticken. Gottes Geschichte wird über sie hinwegschreiten. Zwar sind schon viele solche Mächtigen gescheitert und Weltmächte in der Versenkung der Geschichte verschwunden, und was danach kam, war in der Regel nicht besser. Aber Gottes Geschichte ist nicht die von Menschen gemachte. Sie ist eher eine Gegengeschichte gegen unsere: Die, in der das Schwache mächtig ist. Was heißt das?

Christlich in die jetzt beginnende Passionszeit hinein gesprochen heißt das: Diejenigen, die Jesus Christus vernichten wollten und ihn gekreuzigt haben und weiter kreuzigen, scheitern an ihm: je mehr sie ihn töten desto mehr lebt er. Oder heilsgeschichtlich gesprochen heißt das: Noch jeder, der versucht hat Israel zu vernichten, angefangen mit dem Pharao in Ägypten über Assyrer, Babylonier, Hellenen, Römer und Christen bis hin zum deutschen Nazireich und weiter zu arabischen Terroristen, ist gescheitert und wird scheitern. Denn Israel hat Gott als Zuflucht und ist in seiner Treue geborgen. Und uns ist Jesus Christus die Verkörperung Israels, durch den wir hoffen, in Gottes Heilsgeschichte mit hineingenommen zu werden.

Wo sind wir jetzt hingeraten mit diesem Psalm! Ich denke dorthin, wohin er tatsächlich zielt – auch wenn seine Verfasser sehr viel Näheres im Sinn hatten. Denn die israelitische Rechtskonstruktion, dass jeder Bedrängte in den Bereich des Heiligtums und damit zu Gott fliehen kann, um Recht zu bekommen, ist ja nicht in sich erschöpft, sondern über den einzelnen Fall hinaus Ausdruck des umfassenden Willens Gottes für alle Kreatur.

Für das praktische Leben heißt dieser Wille: „Böses begegnet dir nicht, und Plage naht sich nicht deinem Zelt." So soll es sein. Aber weil es praktisch nur selten so ist, greift Gott in einer uns unvorstellbaren Weise ein: „Denn seine Engel bietet er für dich auf, dich zu hüten auf all deinen Wegen. Auf den Händen tragen sie dich, dass du deinen Fuß nicht an einen Stein stößt." Engel. Wir wollen jetzt nicht in eine Erörterung über die Engellehre eintreten. Nur so viel: Engel haben keinen eigenen Willen, sondern verkörpern Gottes Willen. Was sie sagen ist Gottes Wort, was sie tun ist Gottes Tat. Gott selber will die Seinen hüten auf allen ihren Wegen und sie auf Händen tragen, dass ihr Fuß nicht an einen Stein stößt.

Auch da wissen wir, dass es in der Praxis anders ist. Wir jedenfalls schweben keineswegs über den Dingen und lassen nach Möglichkeit keinen Stolperstein aus. Und doch können wir unseren Weg gehen als schwebten wir auf Engelshänden und stolperten über keinen Stein: Denn Gott, wenn wir ihn zu unserer Zuflucht machen, hütet uns. Er hütet uns so, dass wir über alles bissige und giftige Getier hinwegschreiten können – wenn wir uns ihm nur nicht beigesellen und mit seiner Menge mitzischen und mitbrüllen! Das tun leider viele, und immer wieder zischen sie und brüllen sie vor allem gegen Israel. Wir sollen aber über sie hinwegschreiten auf das Ziel hin, das Gott Israel gesetzt hat, und nicht nur über sie hinwegschreiten, sondern sie zertreten: die wirklichen Räuber und Zerfleischer, die Löwen, und die imaginären, die als Gebilde der Phantasie oft noch mehr Schaden anrichten, die Drachen.

Wir können es trotz aller unserer Schwachheit, wenn wir den Ewigen zu unserer Zuflucht machen. Und das heißt: Auf das Ziel zugehen, das er der Schöpfung gesetzt hat. Bei Jesaja wird das in ähnlichen Worten wie in diesem Psalm gesagt: Es ist Gottes eigenes Kommen und Wohnen bei seinem Volk, zu dem dann die Völker strömen werden, um Frieden, Recht und Gerechtigkeit zu lernen. Dorthin rettet er die Seinen und spricht: „Denn er hangt mir an, und ich rette ihn, ich schütze ihn, denn er achtet meinen Namen. Er ruft mich, und ich antworte ihm; ich bin mit ihm in der Bedrängnis, ich reiße ihn heraus und ehre ihn. Mit der Fülle der Tage sättige ich ihn und lasse ihn mich in meiner Herrlichkeit schauen."

Und wir schauen sie schon, aber erst so wie Simeon, der sie als kleines Kind auf den Arm nehmen durfte. Das ist der Anfang. Fangen wir an! Amen.

(Gebet nach der Predigt:) Wir loben und segnen Dich, Herr, der Du uns mit all unseren Lasten und Lästigkeiten trägst, der Du unsere Zuflucht bist vor allem Widerwärtigen und das Ziel all unserer Hoffnung. Wir danken Dir für Dein Offenbarwerden in Jesus, unserem Messias, durch den wir am Segen Abrahams für die Völker teilhaben wollen. Wir danken Dir für die Verheißung des kommenden Friedens in Gerechtigkeit und wollen uns dazu aufmachen, Dir entgegen. Lass uns in unseren Tagen mehr erfahren von dem, was da kommt. Lass es vor allem die erfahren, die unter dem Unfrieden und der Ungerechtigkeit mehr leiden als wir; deren Lebensrechte missachtet werden. Sei so mit den Menschen in den Kriegs- und Krisengebieten unserer Erde, überall, wo Menschenleben und Menschenwürde zu billig gehandelt werden. Lass alle Menschen einen Frieden erleben, der ihnen Würde und Zukunft gibt.

Wir bitten Dich für die Menschen auch bei uns, die ausgegrenzt werden aus dem gesellschaftlichen Leben, deren Arbeitskraft brach liegt, deren Lebenswirklichkeit oder Zukunftsperspektive Armut ist. Lass sie erfahren, dass nach ihnen gefragt wird, und sie in den Stand kommen, ein würdevolles Leben in unserer Gesellschaft zu genießen. Wir bitten Dich für unsere Kranken. Gib ihnen Mut und die notwendige Geduld, und wo ein Leben zu Ende geht, da erweise Du Dich als das Ziel. Wir bitten Dich auch für die Mächtigen bei uns und in der Welt; lass sie ihre Macht zum Wohl der Ohnmächtigen, Beladenen und Ausgegrenzten einsetzen – und wo nicht, befreie sie und die von ihnen Abhängen von ihrer Macht. Wir bitten Dich für die Starken, dass sie ihre Kraft für die Schwachen einsetzen, für die Fröhlichen, dass ihre Fröhlichkeit andere ansteckt, für die Liebenden, dass ihre Liebe über sie hinaus wächst.

Wir bitten Dich für Dein Volk Israel, dass es Frieden findet im eigenen Land und in der Diaspora, und dass die Völker erkennen, dass nur sein Frieden auch ihrer sein kann. Wir bitten Dich für diese Gemeinde und alle Kirchen, dass wir wahrhaft die Deinen sein können und Deine Botschaft in Wort und Tat verbreiten. Wir bitten Dich alle gemeinsam mit den Worten Jesu:

Unser Vater im Himmel...

Predigt zu Psalm 96 am Heiligen Abend 2006 in der Französischen Friedrichstadtkirche zu Berlin

Lieder im Gottesdienst vor der Predigt: 73, 1. 5 – 7: Auf Seele, auf, und säume nicht..., 37, 1 – 4: Ich steh an Deiner Krippe hier... und 35, 1 – 4: Nun singet und seid froh...

Weitere Texte waren: Johannes 1, 14., Matthäus 1, 18 – 23. und Lukas 2, 1 – 20 (in drei Abschnitten)

Predigttext Psalm 96 (Zürcher Bibel von 1931):

Singet dem Herrn ein neues Lied, singet dem Herrn alle Lande!
Singet dem Herrn, lobpreist seinen Namen, verkündet Tag für Tag sein Heil!
Erzählt bei den Heiden von seiner Hoheit, bei allen Völkern von seinen Wundern!
Denn groß ist der Herr und hoch zu preisen, furchtbar ist er über alle Götter.
Denn alle Götter der Heiden sind Nichtse, aber der Herr hat die Himmel geschaffen.
Hoheit und Pracht sind vor seinem Antlitz, Macht und Herrlichkeit in seinem Heiligtum.
Bringt dar dem Herrn, ihr Geschlechter der Völker, bringt dar dem Herrn Ehre und Stärke!
Bringt dar dem Herrn die Ehre seines Namens, bringt Gaben und kommt in seine Vorhöfe!
Fallt nieder vor dem Herrn im heiligen Schmuck, erzittert vor ihm, alle Lande!
Sagt unter den Heiden: „Der Herr ward König! Fest steht der Erdkreis und wankt nicht. Er richtet die Völker gerecht."
Des freue sich der Himmel, frohlocke die Erde, es donnere das Meer und was es erfüllt!
Es juble das Feld und was darauf steht; dann sollen jauchzen alle Bäume des Waldes
vor dem Herrn, wenn er kommt, wenn er kommt, die Erde zu richten.
Er richtet den Erdkreis gerecht und die Völker nach seiner Treue.

Liebe Gemeinde,

dem Herrn ein neues Lied singen! Ich habe für diesen Gottesdienst keins gefunden, das wir nicht schon gesungen haben, und mich auch nicht in der Lage gesehen, eins zu verfassen, das wirklich neu wäre, denn ich bin, wie wohl auch die meisten von ihnen, wenigstens zu Weihnachten, konservativ.

Ein neues Lied! Das steht am Anfang dieses Psalms, den die Kirche dem Weihnachtsfest zuordnet, und am Ende steht das Gericht Gottes: Er richtet den Erdkreis gerecht und die Völker nach seiner Treue.

Betrachten wir die Welt um uns und um den Globus herum, den wir bewohnen, dann merken wir bald: Hier ist doch die Rede von etwas, was noch aussteht: Das Gericht in der Treue Gottes, das all das zurecht bringen wird, was jetzt noch unter der Ungerechtigkeit dieser Welt und unter unserer Untreue Gott gegenüber leidet, das ist noch nicht gekommen, jedenfalls nicht auf Erden.

Das neue Lied, das wir noch nicht haben, ist erst dann anzustimmen, wenn sich erfüllt, was hier besungen wird. Und bis dahin bleiben wir besser bei den alten Weihnachtsliedern.

Aber vielleicht gelingt es uns, wenigstens neu auf die alten Lieder zu hören, auf das, was wir in diesem Gottesdienst bis jetzt gesungen und gehört haben: Vom Wort Gottes, das Fleisch wird und unter uns wohnt, vom Engel, der zu Josef spricht, vom Kind in der Krippe und den Engeln auf dem Feld. Was haben uns diese Geschichten, die bald 2000 Jahre alt sind, und der Psalm, der noch gut 500 Jahre älter sein dürfte, neu zu sagen? Ist nicht alles, was es zu Weihnachten zu sagen gibt, schon längst gesagt worden?

Ich stehe heute zum 13. und zum letzten mal in Folge an Heiligabend auf dieser Kanzel und predige das dritte mal über diesen Psalm. Und so sehr ich beim Wiederlesen noch angetan war von dem, was ich dazu vor sieben Jahren gesagt habe: Ich kann es heute nicht einfach wiederholen. Nicht, weil Weihnachten an sich anders geworden wäre, sondern weil es uns heute für heute ansprechen will, so wie es uns vor sieben Jahren für damals ansprechen wollte. Wir sind nicht mehr die selben, nicht nur des Alters wegen, sondern der Erfahrungen oder auch Enttäuschungen wegen, die wir in der Zwischenzeit erlebt und die uns verändert haben. Ob wir dabei weiser geworden sind, sei dahingestellt, aber wir sind andere als noch vor einem Jahr.

Lassen Sie uns deshalb neu auf diesen Psalm hören, der seine große Hoffnung heute wie vor 2500 Jahren in eine Welt ruft, die heute wie damals an sich selbst und an den Menschen in ihr krank ist. Lassen wir dabei die Aufzählung all dessen, was schlimm und schrecklich ist, beiseite; das wissen wir alles schon. Auch der Psalm berührt das nur ganz kurz, wenn er auf die Nichtse anspielt, die sich die Heiden zu Göttern erkoren haben: Macht und Geld, Ideologien und Heilslehren, Nation und Hochkultur..., dieses ganze verschachtelte System, oder diese ganze chaotische Systemlosigkeit, die uns Menschen auf Trab hält, damit wir um die Wette dem Glück, der Selbstbestätigung oder auch nur dem einfachen Überleben hinterher rennen.

Der Psalm lenkt unsere Aufmerksamkeit auf das ganz andere, das, was uns einmal neu singen machen wird: Gottes Heil, seine Hoheit, seine Wunder, seine Pracht, seine Macht, seine Herrlichkeit – er versucht, sich selbst mit Begriffen zu überbieten, die das ganz andere benennen, und die es doch nicht beschreiben können, denn es entzieht sich nicht nur unserer Vorstellung, sondern auch unserer Sprache. Und doch ist es.

Von den Himmeln, die Gott geschaffen hat, ist die Rede, und das meint hier nicht das blaue oder mit Sternen bestückte Gewölbe, das wir über uns sehen, sondern Gottes ganz anderen, uns noch verschlossenen, unzugänglichen Bereich. Aber geht der uns denn etwas an? Er geht uns an, wenn wir für Gottes Himmel auf Erden eine Entsprechung suchen: in seinem Heiligtum.

Gottes Heiligtum auf Erden ist kein fester Ort, auch wenn die ersten Sänger dieses Psalms dabei an den Jerusalemer Tempel gedacht haben. Aber nicht der Tempel selbst ist es, so wenig wie andere heilige Stätten, sondern das, was er versinnbildlicht: Die Berührung von menschlichem und göttlichem Bereich dort, wo Er seinen Namen auf Erden wohnen lässt und damit zur Welt kommt. Gottes Zur-Welt-Kommen ist aber kein Kommen an einen bestimmten, begrenzten Ort, sondern er kommt in die Geschichte, in unsere persönliche wie in die Geschichte der Völker und Kulturen. Es ist der Einbruch der Ewigkeit in die Zeit, das Heil, das die, denen der Psalm gesungen wird, verkünden sollen.

Das sind zunächst die, die es zuerst erfahren haben: Das Gottesvolk Israel. Das soll verkünden, was es erfahren hat und weiter erfährt: „Gott kommt in Israel zur Welt"

Das ist kein einmaliger Akt, sondern die ganze Geschichte des Gottesvolkes ist die Geschichte von Gottes Zur-Welt-Kommen, und in ihr steckt schon die ganze Weihnachtsbotschaft: Gottes Bund mit Abraham, der Auszug aus Ägypten, die Gabe der Weisung am Sinai, die Davidsverheißungen mit der Ankündigung des Immanuel, das alles ist schon die gelebte Erfahrung dessen, was in den Weihnachtserzählungen von Stall und Krippe mit Engeln, Weisen und Hirten und im Weihnachtslied vom fleischgewordenen Wort nur eine andere Sprache findet: Eine Sprache, in der die Botschaft von Gottes Zur-Welt-Kommen auch für Heiden und die ganze Völkerwelt hörbar werden soll: Dass Gott in Israel zur Welt kommt, und nicht nur in Israel, sondern durch Israel zur ganzen Welt:

Deshalb sind auch Maria und Joseph Israeliten aus dem Geschlecht Davids, vom Stamm Juda, denn das Heil, das in die Welt kommt, kommt nach Jesu Worten „von den Juden". Wer sie verwirft, verwirft deshalb das Heil selber - und hat keinen Grund mehr, Weihnachten zu feiern.

Wir aber wollen Weihnachten feiern, wollen antworten auf das, was Israels Geschichte uns Heiden erzählt.

Gott kommt zur Welt, wo bis heute noch Gewalt und Ungerechtigkeit herrschen; er kommt aber nicht unter ihre Herrschaft. Er ist in dieser Welt, aber nicht von ihr, denn er kommt aus seiner eigenen Hoheit und Macht.

Und deshalb braucht Gott in der Welt keines der Häuser, die den Herren dieser Welt gehören: Er wird im Stall geboren. Er braucht nicht ihr Meldewesen, um angemeldet zu werden: Engel melden seine Geburt an, und zwar denen, die sie in erster Linie etwas angeht: den Opfern, den Ausgegrenzten und Verfolgten, solchen wie den Hirten auf den Feldern bei Bethlehem.

Die sind zu solcher Hingabe fähig, weil sie es als Erlösung und nicht als Unterwerfung erfahren, dass Gott die Herrschaft antritt, weil sie sich damit nicht einem fremden Willen unterwerfen, sondern aus der Botschaft des Engels das hören, wonach wir alle uns im Grunde unseres Herzens schon immer gesehnt haben: Den Einklang der Schöpfung mit dem Schöpfer. Davon werden sie überwältigt.

Unser Weg ist wohl weiter als ihrer. Sie hatten nichts zu verlieren, sondern waren schon immer die Verlierer. Aber sind wir das nicht auch, trotz aller unserer zeitweiligen Erfolge? Auch uns dämmert ja manchmal, dass das, was wir Leben nennen, nicht das Ganze sein kann; aber wir verdrängen es meistens gleich, denn wir sehen keine Alternative. Das heißt aber nicht, dass es keine gibt. Die Weihnachtsbotschaft, die Botschaft unseres Psalms nennt sie uns, indem sie weit über uns selbst hinaus weist. Nicht in uns selber und auch nicht durch uns selber finden wir Erfüllung, die dem Ganzen unseres Lebens Sinn gibt, sondern erst in dem, worin unser Sein eingebettet ist: Im Kommen Gottes in die Welt, wodurch unsere ganz persönlichen Geschichte ein Teil von Gottes Geschichte für die Welt wird und damit unbegrenzt, unbegrenzt auch von Zeit und Raum.

Das ist es, was unser Weihnachtspsalm feiert. Und damit nimmt er uns hinein in eine Zukunft, die größer ist als das, was wir uns vorstellen können, an der wir aber teilhaben dürfen, nicht nur passiv, sondern ganz aktiv. Wie? Wir merken ja: Mit der Geburt Jesu ist diese Zukunft noch nicht gekommen. Der Traum von der heilen Welt ist immer noch ein Traum, heute vielleicht mehr denn je. Und doch ist es zugleich mehr als ein Traum. Denn die Nähe Gottes ist schon erfahrbar in dieser Welt, überall da, wo sein Wort gilt und das Gebot ernst genommen wird: „Du sollst den HERRN, deinen Gott, lieben aus deinem ganzen Herzen und mit deiner ganzen Seele und mit deiner ganzen Kraft und mit deinem ganzen Denken." Das heißt aber konkret auch: „Du sollst deinen Nächsten lieben wie dich selbst." Und das geschieht schon, und wo es geschieht, wird die Hoffnung – der große Traum von der heilen Welt – konkret.

Und wo es durch uns geschieht, tragen auch wir dazu bei. Dabei wird nicht gefragt, was wir persönlich vermögen oder erreichen. Denn darin werden wir Teil eines viel größeren Ganzen, das Gott selber ans Ziel führt.

Das betrifft nicht nur jeden einzeln, nicht nur Völker und Nationen, nicht nur die Menschheit und die Natur, sondern hier werden Himmel, Erde, Meer und alles, was in ihnen ist, gleichermaßen mit hineingenommen: Hier wird die Schöpfung vereint mit dem Schöpfer, damit am Schluss gesagt werden kann: „Und Gott sieht alles an, was er gemacht hat, und siehe, es ist sehr gut."

Und wir dürfen dabei sein. Denn Weihnachten, das wir feiern, bedeutet das Kommens Gottes, der kommt, um zu erfüllen, was er uns zu verkündigen aufgetragen hat: Seine Treue, die unsere Untreue überwindet, und seinen Frieden für alles Geschaffene, ein gutes, sattes Leben auf Erden, eingebunden in Gottes Ewigkeit.

„Des freue sich der Himmel, frohlocke die Erde,
es donnere das Meer und was es erfüllt!
Es juble das Feld und was darauf steht;
dann sollen jauchzen alle Bäume des Waldes
vor dem Herrn, wenn er kommt,
wenn er kommt, die Erde zu richten.
Er richtet den Erdkreis gerecht
und die Völker nach seiner Treue."   Amen.

Lied 41, 1 – 3: Jauchzet, ihr Himmel... (alte Melodie)

(Gebet nach der Predigt:) Herr, erfülle uns ganz mit der Botschaft Deines Zur-Welt-Kommens, damit es für uns nicht fromme Theorie bleibt, sondern zur Lebenskraft wird, die uns und mit und durch uns die Welt bewegt. Gib uns Teil an Deinem Sieg über alle Mächte, die nur ihr eigenes Heil auf Kosten anderer suchen. Lass uns dabei auch Deinen Sieg über unsere eigenen, steinernen Herzen erleben. Herr, wir kommen mit unserer Welt, in der wir leben, nicht mehr zurecht. Wir sind fassungslos und doch schon an unsere Fassungslosigkeit gewöhnt, wenn wir von den Kriegen in aller Welt hören, von den Verfolgungen in vielen Ländern, von Ausbeutung, Kinderarbeit und Herrschaft der Verbrecher, und auch von Armut und Obdachlosigkeit hier bei uns. Lass uns in unserer Fassungslosigkeit nicht allein, sondern zeige uns Wege, auf denen wir selber, auf Dich zugehend, etwas verändern können. Wir bitten Dich für unsere Kranken und Einsamen, für alle, denen die Hoffnung abhanden gekommen ist, dass Du sie stärkst, auch durch uns. Wir bitten Dich aber auch für alle, die sich schon auf den Weg zu Dir gemacht haben, die in Notstandsgebieten Hilfe leisten, die ihre ruhige Existenz aufgegeben haben, um an den Brennpunkten des Elends Hoffnung zu stiften und gegen die Gewalt den Frieden zu vermitteln. Wir bitten Dich für die, die im Stillen und wie selbstverständlich in ihrem Beruf oder auf eigene Initiative für andere da sind, die sie brauchen. Bestärke sie auf ihren Wegen Dir entgegen. Du kommst zur Welt. Komm auch zu uns. Wir wollen Dich aufnehmen. Wir bitten, wie wir es vom Herrn gelernt haben: Unser Vater im Himmel...

Predigt zu Psalm 98 am 22. Juni 2003
in der Französischen Friedrichstadtkirche zu Berlin

Der Gottesdienst wurde von zwei Chören begleitet

Lieder vor der Predigt: 282, 1 – 4.: Wie lieblich schön, Herr Zebaoth... 286, 1 – 4.: Singt, singt dem Herren neue Lieder... Die Singgemeinschaft sang „Holy Mose...", der Kammerchor: "Lamb of God..."

Weitere Texte: Die Zehn Gebote, Psalm 98 im Wechsel gesprochen nach EG 739, Römer 5, 1 – 5. und Fragen und Antworten 27 und 28 aus dem Heidelberger Katechismus

Predigttext: Psalm 98

Ein Psalm.
Singt JHWH ein neues Lied, denn er hat Wunder getan.
Geholfen hat ihm seine Rechte und der Arm seiner Heiligkeit.
Kundgetan hat JHWH sein Heil,
den Augen der Völker hat er seine Gerechtigkeit offenbart.
Er gedachte seiner Gnade und seiner Treue zum Haus Israel;
es schauten alle Enden der Erde das Heil unsres Gottes.
Jauchzt auf JHWH zu, alle Lande,
seid fröhlich und jubelt und spielt auf!
Spielt JHWH mit Zither, mit Zither und Gesangsstimme!
Mit Trompeten und der Stimme des Horns!
Jauchzt auf vor dem König JHWH!
Es braust das Meer und seine Fülle,
der Erdkreis und die darauf wohnen.
Ströme klatschen in die Hände,
im Chor jubeln Berge vor JHWH,
denn er kommt, die Erde zu richten;
er richtet den Erdkreis im Recht und Völker in Gerechtigkeit.

Liebe Gemeinde,
Jubel über Jubel, in den alle Völker und sogar Berge, Flüsse und Meere einstimmen müssen - eine unbegrenzte und ungebremste Begeisterung: Wer kann so singen?

Wir haben es eben selbst mit diesem Psalm in seiner Genfer Form versucht und die beiden Chöre in englischen, ja, fast in Engelszungen singen gehört. Aber ich habe den Eindruck, dass wir die überschäumende Stimmung die dieser Psalm beschreiben will, doch nicht ganz wiedergeben können. Bei aller Musikalität und Singen von Herzen bleiben wir doch auf dem Boden der Realität haften; dem donnernden Meer und Land und den in die Hände klatschenden Strömen können wir uns kaum beigesellen; und auch in der Erkenntnis und Annahme von Gottes großen Taten bleiben wir doch eher gesetzt, auch wenn wir singen; Gefühlsausbrüche wie diesen Psalm können wir leichter betrachten als teilen.

Und wir müssen uns fragen: Was haben wir da seit der Zeit, als dieser Psalm zum ersten mal gesungen wurde, auf der Strecke gelassen? Um das festzustellen, müssen zum Ausgangspunkt der Strecke zurückgehen, in die Entstehungszeit dieses Psalms.

Die ist nun zum Glück einfacher ausfindig zu machen als bei den meisten anderen Psalmen. Der Psalm ist voller sprachlicher und begrifflicher Anklänge an die Botschaft des zweiten Jesaja, des unbekannten Propheten, der dem deportierten Volk Israel in Babylonien die Befreiung aus der Gefangenschaft ankündigen durfte. Und das tat er so, als sei diese Befreiung der Anbruch einer ganz neuen Heilszeit, nicht nur für Israel, sondern für alle Welt; seine Botschaft ist eine Botschaft, die nichts unberührt lassen kann und sogar Berge versetzt:

„In der Wüste bahnet den Weg des Herrn, machet in der Steppe eine gerade Straße unserem Gott! Jedes Tal soll sich heben, und jeder Berg und Hügel soll sich senken, und das Höckerige soll zur Ebene werden und die Höhen zu Talgrund, dass die Herrlichkeit des Herrn sich offenbare und alles Fleisch es sehe zumal."

Uns Heutigen fällt es wahrscheinlich schwer, in diesen Ton einzufallen; jedenfalls geht es mir so. Ich muss gestehen, dass mir bei diesem Bild von der Straße bei Jesaja immer Autobahnen vor das innere Auge geraten, und bei den sich senkenden Bergen und Hügeln die Erdbebennot, in die ganze Landschaften immer wieder geraten.

Wer aber selber erfasst ist von der Begeisterung, die hinter diesen Texten steckt, wird sich von meinen spitzfindigen Bedenken nicht stören lassen. Und um wenigstens etwas von seinen Gefühlen zu erfassen, will auch ich jetzt keine Bedenken mehr anmelden, sondern erst einmal fragen, wer denn so singt und was sie oder ihn wirklich bewegt.

Die ersten Sängerinnen und Sänger dieses Psalms lebten, so dürfen wir annehmen, zur Zeit des zweiten Jesaja, des Propheten der Heimkehr aus der babylonischen Gefangenschaft, oder gehörte zu seinen geistigen Nachfolgern. Das war vor circa 2.500 Jahren, lange her, und deshalb können wir nur als Historiker versuchen, sie in den Blick zu bekommen.

Als Historiker sehen wir die Psalmsängerinnen und -sänger aber nicht nur in dem Moment, in dem sie die unerwartete Botschaft von der bevorstehenden Rettung überfällt und in einen dann erklärlichen Freudentaumel reißt. Sondern wir sehen sie auch auf dem mühsamen Weg durch Steppen und Wüsten ohne gerade und ebene Straßen zurückkehren in eine öde Ruinenstadt namens Jerusalem. Wir sehen, wie sie dort in Notunterkünften hausen, vor sich ein Aufbauwerk, das ihre Kräfte bei weitem übersteigt.

Aber auch dort sehen wir sie - oder besser: hören wir sie - diesem Psalm singen. Und nicht nur sie selbst, sondern auch ihre Nachkommen bis auf den heutigen Tag, immer wieder unterdrückt, vertrieben, verfolgt und mit dem Untergang bedroht. Und sie singen diesen Psalm. Vielleicht oft mit Wehmut und Sehnsucht statt der damaligen Begeisterung. Da geht es der Judenheit wie der Christenheit.

Aber warum konnten sie damals, als sich die Rückkehr nach Jerusalem als der Beginn einer mühsamen und kümmerlichen Existenz herausstellte, warum konnten sie damals noch weiter solche Texte singen und beten wie diesen Psalm? Warum konnten sie es auch noch nach der nächsten Zerstörung Jerusalems durch die Römer, warum kann man sogar noch nach der Erfahrung des Holocaust diesen Text singen?

Jemand hat gesagt, nach Auschwitz sei es nicht mehr möglich, Musik zu machen. Dem stimme ich zu, soweit es sich um Musik handelt, die das, was da gewesen ist, in der Erinnerung übertönen und vergessen lassen will.

Wer das will, würde diesen Psalm sowieso nicht singen. Wer aber mit der Erfahrung all dieser schrecklichen Geschichte und Schuld weiter an Gott glauben will, der muss ihn singen.

Wie ich versucht habe, aufzuzeigen, stammt dieser Psalm seinem euphorischen Tonfall zum Trotz aus einer eher dunklen Epoche, sofern man sie politisch und sozial bewerten will. Und er hat noch schlimmere Epochen überdauert.

Denn die Erfahrung, von der der Psalm singt, ist zwar in der Geschichte der Menschheit von Menschen gemacht worden, sie ist aber trotzdem nicht eine Erfahrung von menschlicher Geschichte.

Sondern es ist die Erfahrung der Geschichte Gottes für die Menschen, eine Glaubenserfahrung, und keine historische. Die Historie, die Geschichte, kann nicht über sich selbst hinaus sehen. Der äußerste Punkt, den sie erfassen kann, ist ihr eigenes Ende, der Untergang.

Das Volk Gottes aber hat eine reiche Erfahrung im Überleben von Untergängen und weiß aus eigener Erinnerung und aus der der Mütter und Väter, dass Gott auch den Tod überwindet.

Die Botschaft des zweiten Jesaja von der Heimkehr des Volkes, die dieser Psalm in Musik fasst, war ja keine Überraschung ganz aus heiterem Himmel. Sondern es war das nur in seiner Form überraschende Ergebnis dessen, was eine ganze Generation erlebt hatte: Die Erfahrung, dass Gott auch im Untergang bei seinem Volk bleibt, dass er es auch in die Gefangenschaft begleitet, es dort mit seinem Geist erfüllt und erhält, auch in der Sklaverei - weil seine Treue größer ist als sein Zorn, und weil er sich von seinem Heilswillen nicht abbringen lässt, auch nicht durch die Untreue derer, denen dieser Heilswille gilt.

Unser Psalm besingt keine Erfüllung des Heils, die Gott schon bewirkt hätte. Die überraschende Möglichkeit der Rückkehr nach Jerusalem, die damals durch eine Verschiebung der weltpolitischen Machtverhältnisse möglich wurde, war noch genauso wenig der Anbruch der Heilszeit des Gottesreiches wie es die erneute Staatsgründung Israels 1948, also vor 53 Jahren war. Aber beides sind Signale an die Menschheit, an alle Welt, dass Gott treu bleibt auch durch Untergänge hindurch.

Und diese Treue ist kein Selbstzweck, sondern hat ein Ziel, das größer ist als Israel. Aber an Israels Geschichte und Glauben wird es für alle Völker sichtbar, durch Israel haben sie daran selber teil. So beschreibt das Jean Calvin in seinem Psalmenkommentar zu dieser Stelle: „Das ist nämlich der Ruhm der Völker, dass sie in das heilige Haus Abrahams hinzu erwählt und eingefügt werden; und aus der dem Abraham gegebenen Verheißung kam die Erlösung der ganzen Welt, wie Christus gesagt hat: Das Heil kommt von den Juden: und ebenso hat der

Prophet gesagt, in der noch zu erlösenden Welt werde Gott erfahrbar im Glauben des Volkes Israel." - So weit Calvin.

Im Glauben Israels, wie er zur Zeit des zweiten Jesaja neu ans Licht getreten und in diesem Psalm in Musik und Stimmen hörbar geworden ist, wird Gottes Ziel, ja, wird Gott selber als Ziel der Geschichte aller Völker und der gesamten Schöpfung erfahrbar.

Das Wissen von diesem Ziel, in dem Gott selber die Welt richtend richtig macht, in dem Gott Tod und Sünde beendet, in dem er auch den Holocaust von Auschwitz - aber wirklich erst dann ! - wieder gut machen wird, - allein das Wissen von diesem Ziel macht singen und musizieren, lässt zum Lob Gottes erklingen Stimmen und Harfen, Orgeln, Trompeten und Flöten, Geigen, Hörner und Schlagzeug und was sonst noch dazu klingen kann - und die ganze Schöpfung stimmt ein. Amen.

Singgemeinschaft: Blessed be the name..

(Gebet:) Herr, wir wollen Dich loben und Dir danken für Deine Treue, die unsere Untreue überwindet, für die Erlösung, mit der Du uns aus aller Schuld herausführst.

Hilf uns, dass wir nicht selber in der Schuld verharren, von der Du uns erlöst hast. Zeige uns Wege, wie wir uns Deinem kommenden Reich öffnen können. Lehre uns die Praxis Deiner Gerechtigkeit und Deines Rechtes.

Wir bitten Dich für alle Menschen, die unter der herrschenden Ungerechtigkeit leiden; für alle, denen es an den lebensnotwendigen Dingen für ein Leben in Würde und körperlicher und seelischer Gesundheit fehlt; wir bitten Dich für alle, die unter Kriegsgewalt und Kriegsdrohung leiden, für alle denen Gewalt angetan und denen die Hoffnung zerstört wird.

Wir bitten Dich für alle unter uns Einsamen und für unsere Kranken: Lass sie Solidarität und Heilung erfahren. Und wo ein Erdenleben zu Ende geht, da erweise Du Dich als das ewige Ziel. Wir legen Dir alle ans Herz, die einen wichtigen Menschen verloren haben; geleite sie durch die Trauer zu neuer Zuversicht. Sei mit allen, die durch die Ereignisse unserer Epoche entwurzelt und verwirrt sind, mit allen, die keine Hoffnung mehr haben oder ihre Hoffnungen auf tote Dinge richten anstatt

auf Dich. Erweise Dich als unser aller heilsame Zukunft. Wir bitten Dich für die starken, dass sie ihre Kraft für die Schwachen einsetzen, für die Fröhlichen, dass ihr Frohsinn ansteckt und für die liebenden, dass ihre liebe über sie selbst hinaus wächst. Wir bitten dich für Dein Volk Israel, dass es Frieden findet in seinem Land und in der Diaspora, damit die Welt Frieden lernen kann. Wir bitten Dich für Deine Kirche in all ihren verschiedenen Ausprägungen, dass sie Dein kommendes Reich in Worten und Taten bezeugt
Darum bitten wir mit den Worten Jesu: Unser Vater im Himmel...

Predigt zu Psalm 104 am 5. August 2001
im Coliny-Kirchsaal Berlin Halensee

Lieder vor der Predigt: Psalm 33, 1 – 5: Jauchzt alle, Gott sei hoch erhoben...,Psalm 23 B, 1 – 5: Gott ist mein Hirt ... und Psalm 104 A, 1 – 5: Mein Leben lobt Dich ...

Weitere Texte: Die Zehn Gebote und im Rahmen einer Taufe das Bekenntnis „Wir sind nicht allein" und der Taufbefehl aus Matthäus 28.

Predigttext: Der 104. Psalm (Zürcher Bibel von 1995)

Lobe den HERRN, meine Seele.
HERR, mein Gott, du bist so groß, In Hoheit und Pracht bist du gekleidet,
der du dich hüllst in Licht wie in einen Mantel, der den Himmel ausspannt wie ein Zelt,
der im Wasser seine Gemächer baut, der Wolken zu seinem Wagen macht, auf Flügeln des Sturms dahinfährt,
der Winde zu seinen Boten bestellt, zu seinen Dienern lohendes Feuer.
Der die Erde auf ihre Pfeiler gegründet hat, dass sie niemals mehr wankt.
Mit der Urflut bedecktest du sie wie mit einem Kleid, hoch über den Bergen standen die Wasser.
Vor deinem Schelten flohen sie, vor deiner Donnerstimme wichen sie zurück.
Sie stiegen an Bergen hinan und sanken in Täler hinab, an den Ort, den du ihnen bestimmt hast.
Du hast eine Grenze gesetzt, die sie nicht überschreiten; nie dürfen sie wieder die Erde bedecken.
Quellen schickt er in die Täler, zwischen den Bergen fließen sie dahin.
Sie tränken alle Tiere des Feldes, Wildesel stillen ihren Durst.
An ihren Ufern wohnen die Vögel des Himmels, aus dem Gezweig erschallt ihre Stimme.
Von seinen Gemächern aus tränkt er die Berge, von der Frucht deiner Werke wird die Erde satt.

Gras lässt er sprossen für das Vieh und Kraut dem Menschen zunutze, damit er Brot hervorbringe aus der Erde
und Wein, der des Menschen Herz erfreut, damit er das Angesicht erglänzen lasse von Öl und Brot das Herz des Menschen stärke.
Die Bäume des HERRN trinken sich satt, die Zedern des Libanon, die er gepflanzt hat;
dort nisten die Vögel, der Storch hat in den Zypressen sein Haus.
Die Gebirge gehören den Steinböcken, die Felsen bieten den Klippschliefern Zuflucht.
Er hat den Mond gemacht zur Bestimmung der Zeiten, die Sonne, die ihren Untergang weiß.
Du bringst Finsternis, und es wird Nacht, in ihr regen sich alle Tiere des Waldes.
Die Löwen brüllen nach Beute und fordern von Gott ihren Fraß.
Strahlt die Sonne auf, ziehen sie sich zurück und lagern in ihren Verstecken.
Der Mensch geht hinaus an sein Werk, an seine Arbeit bis zum Abend.
Wie zahlreich sind deine Werke, HERR. Du hast sie alle in Weisheit gemacht, die Erde ist voll von deinen Geschöpfen.
Da ist das Meer, so groß und so weit, darin ein Gewimmel ohne Zahl, Tiere groß und klein.
Schiffe ziehen dahin, der Leviatan, den du gebildet hast, um mit ihm zu spielen.
Sie alle warten auf dich, dass du ihnen Speise gibst zur rechten Zeit.
Gibst du ihnen, so sammeln sie ein, tust du deine Hand auf, so werden sie satt von Gutem.
Verbirgst du dein Angesicht, erschrecken sie, nimmst du ihren Atem weg, kommen sie um und werden wieder zu Staub.
Sendest du deinen Atem aus, werden sie erschaffen, und du erneuerst das Angesicht der Erde.
Ewig währe die Herrlichkeit des HERRN, der HERR freue sich seiner Werke.
Er blickt die Erde an, und sie erbebt, er rührt die Berge an, und sie rauchen.
Ich will dem HERRN singen mein Leben lang, will meinem Gott spielen, solange ich bin.
Möge mein Dichten ihm gefallen, ich freue mich des HERRN.

Mögen die Sünder verschwinden von der Erde und die Frevler nicht mehr sein.
Lobe den HERRN, meine Seele. Hallelujah.

Liebe Gemeinde,
ich finde, dies ist ein schöner Psalm, und wir wollen uns von ihm mitnehmen lassen und versuchen, einzutauchen in die Sichtweise des Psalmisten, wie er die Welt um sich herum betrachtet und dabei erfährt, wie in ihr der Wille Gottes zu irdischem Leben wird. Dass er dabei vom antiken Weltbild einer auf dem Wasser liegenden Scheibe mit dem darüber gewölbten Himmelsdach ausgeht, muss uns nicht stören.

Der Psalm ist nicht nur schön, er ist auch einzigartig; kein anderer Psalm der Bibel besingt die Schöpfung so um ihrer selbst willen. Sucht man in ihr Entsprechendes, dann findet man es nur im Hohen Lied, dem Liebeslied, das zu Hochzeiten gelesen wird und eine ungezwungene Verliebtheit beschreibt.

Das Hohe Lied und dieser Psalm stammen aus unterschiedlichen Epochen. Älter ist der Psalm. Was beide verbindet, ist das Gefühl der Verliebtheit. Ja, genaugenommen ist auch der Psalm ein Liebeslied, eine Liebeserklärung an die Schöpfung und damit an den Schöpfer. So, wie im klassischen Liebeslied der Sänger sich selbst im Einklang mit der Geliebten erfährt, so hier im Einklang mit allem Geschaffenen.

Nun kann man freilich fragen, ob dieser in der Bibel so einzigartige Psalm in ihr selbst wurzelt oder ob er aus einer anderen Tradition - zufällig oder absichtlich - in sie hineingeraten ist. Hatte dieser Psalm einen Platz im gottesdienstlichen Leben Israels, so, wie das Hohe Lied den seinen am Hochzeitsfest hat? Wir wissen es nicht. Aber es gibt Anklänge an diesen Psalm im jüdischen Morgengebet, mit dem der Aufgang der Sonne über dem neuen Tag begrüßt wird; darin heißt es: „In seiner Güte erneuert er stets und an jedem Tag das Werk des Anfangs", das ist: der Schöpfung. Dem Gottesvolk ist es also nicht fremd, im Angesicht des fortschreitenden und sich immer wieder erneuernden Lebens den zu loben, der das alles und auch uns geschaffen hat.

Dennoch: mit seiner aufzählenden Form erinnert der Psalm stark an Heidnisches, etwa an babylonische Schöpfungsgesänge oder einen ägyptischen Sonnengesang, und in der kanaanäischen Naturreligion, die Israel bei der Einwanderung ins Land vorfand, ist ähnliches zu vermuten.

Aber die Anklänge betreffen nur die Form und die Liste der aufgezählten Geschöpfe - mehr nicht. Von den religiösen Inhalten der babylonischen oder ägyptischen Lieder ist hier nichts zu finden. Und das ist wohl Absicht.

Im ägyptischen Sonnenlied wird der Sonne als einer männlichen Gottheit gehuldigt. Im Psalm Israels dagegen ist die Sonne ein geschaffenes Ding, das, wie auch der Mond, vor allem der Zeiteinteilung dient: Tag und Nacht, Monat und Jahr.

In babylonischen Schöpfungsliedern ist die Natur geprägt von in ihr weiterwirkenden Gottheiten. Im Lied Israels ist nichts außer Gott selber göttlich, ja, sogar der Urdrache des Urmeeres, der Leviathan, ist nichts als ein Tier, das Gott sich geschaffen hat, um mit ihm zu spielen wie unsereins mit seinem Hund.

Winde, Wolken, Himmelszelt: alles ist nur Werk Gottes, das er sich erschafft, um seine Güte kundzutun, die sein Lob ist. Damit deutet dieser Psalm Motive aus den Naturreligionen anderer Kulturen gründlich um, wie es auch der erste Schöpfungsbericht der Bibel tut, der mit den sieben Tagen: Nicht dem Geschaffenen, nur dem Schöpfer gebührt Anbetung.

Das geht so weit, dass hier nicht einmal von Natur im eigentlichen Sinn gesprochen wird. Denn hier ist nichts, was von sich aus lebt, nichts wirkt aus sich selber heraus, sondern es ist die Rede nur von Gottes segensreichem Tun, das Leben schafft.

Liest man den Psalm hebräisch, dann fällt auf, dass nur die Trennung von Land und Urflut, also so etwas wie die Grundsteinlegung der Schöpfung, im Perfekt steht, also als abgeschlossene Handlung.

Alles andere, sogar das Ausspannen des Himmelszeltes, das Gott so vornimmt wie der nomadische Familienvater für die Seinen das Zelt aufbaut, und auch das Bauen der Gemächer, so wie der sesshafte Familienvater aus Balken und Lehm das Haus errichtet, alles das steht im Imperfekt, ist also noch andauernde Handlung, ist gegenwärtiges Geschehen, so wie es Yehoshua Amir 1979 in einer Predigt dargelegt hat: „Unsere Väter haben uns gelehrt, das erste Kapitel der Tora" - das ist der erste Schöpfungsbericht - „nicht als einen uralten Vorgang zu lesen, der vor undenklichen Zeiten einmal geschehen ist, sondern als etwas, das sich bis in unser eigenes Leben hinein fortsetzt." (Yehoshua Amir, Deraschot. Institut Kirche und Judentum, Berlin 1983)

Es geht um Gottes väterliches und mütterliches Wirken in der Schöpfung, das eben nicht nur ein einmaliger Anstoß war - und seitdem nimmt die Natur ihren eigen Lauf. Sondern der Hauch oder Geist Gottes belebt fortwirkend alles Geschaffene, und zwar nicht nur geistig - geistlich, sondern auch ganz real: er schafft Leben im physischen Sinn und gibt ihm seinen Lebensrahmen.

Aber Achtung: Damit geht der Geist Gottes oder gar er nicht selber in die Natur ein. Diejenigen, die da sagen, sie suchten Gott in der Natur, und dann lieber an Wald oder See fahren statt in der Gemeinde das Wort Gottes zu bedenken, die irren sich. Gott ist nicht in der Natur, sondern steht über ihr. Der Schöpfer steckt nicht im Geschaffenen, sondern er macht es. Wer Gott im Geschaffenen sucht, findet da bestenfalls den ägyptischen Sonnengott oder babylonische oder kanaanäische Naturgottheiten, sich erbarmungslos ewig wiederholende Kräfte in ihrem Erstehen, Vergehen und Wiedererstehen. Den Gott aber, von dem die Bibel spricht, den lebendigen und Leben schenkenden, den das Volk Israel als erstes erfahren hat, den findet man nicht in der Natur.

Was man hingegen in der Natur finden kann, ist sein Lobpreis. Und das, und nichts anderes, ist das Thema unseres Psalms.

Dabei verzichtet der Psalm ganz und gar auf Wertungen oder Moral. Der Löwe, der nach Raub brüllt, bekommt den gleichen Platz wie der Wildesel, den er als Beute reißt. Der Mensch hat seinen Platz, wie der Baum den seinen an den Wasserbächen hat, wie Steinbock und Klippdachs - und wie auch der Löwe. Sie alle haben ihren Platz in der Fürsorge Gottes, sie „warten ..., dass Du ihnen Speise gibst zur rechten Zeit" - und alle werden zu Staub und werden immer neu geschaffen aus dem Schöpfungshauch Gottes.

Ganz unwillkürlich fragt man sich nun doch: Stammt dieser Psalm aus der Zeit einer vergangenen Idylle? Oder war der Psalmist blind für die Realitäten der Welt?

Auch zu seiner Zeit gab es Kriege, Trockenzeiten und - weniger in Judäa als im Zweistromland, das er aber auch gekannt haben wird - verheerende Überschwemmungen, wie wir sie heute wieder in Polen erleben. Auch zu seiner Zeit war schon bekannt und allen deutlich, was gewollte oder ungewollt in Gang gesetzte Zerstörung anrichten kann, und wussten alle, dass es mit der Sättigung der Geschöpfe oft schlecht bestellt ist.

Auch der Psalmist wusste das: „Verbirgst Du Dein Angesicht, erschrecken sie;" nämlich alle Geschöpfe. Wo Krieg, Unrecht und Naturzerstörung sind, ist Gottes Angesicht verborgen; da bricht in der Schöpfung Gottlosigkeit aus bricht sie selber zusammen. Und auch von Erdbeben und Vulkanausbrüchen ist die Rede, den bedrohenden Kräften des Chaos, aber nicht ausführlicher als von den Vögeln, die in den Zedern des Libanon nisten. Unsere Begriffe von Größe und Wichtigkeit scheinen hier nicht zu gelten. Das Interesse des Schöpfers am kleinen Vögelchen ist gleich groß wie das am Seeungeheuer, das an der Zeder des Libanon gleich groß wie das am einzelnen Grashalm: in allem zeigt sich Gottes Wille, Leben zu erwecken.

Und der Mensch? Er singt diesen Psalm. Und deshalb werden in ihm auch Korn und Wein und Öl stärker betont als die Dinge, mit denen er nichts Spezielles anzufangen weiß. Aber genauso wie er an seiner Nahrung, sättigt sich der Baum am Wasser. Und mit dem Löwen wechselt er sich ab: der jagt in der Nacht, der Mensch arbeitet am Tag.

Aber dieses Sich-Einordnen des Menschen in die Schöpfungsordnung Gottes ist mehr Sehnsucht als Realität. Es ist die Sehnsucht, mit dem Schöpfer in Einklang zu kommen, die Sehnsucht nach dem Frieden Gottes, nach seinem Schalom, die aus diesem Psalm spricht.

Dahinter stecken die Erfahrung und das Wissen, dass dieser Frieden gestört ist: durch ihn, den Menschen, der hier in seiner unheilen Situation seine Sehnsucht nach Heilsein heraussingt.

Am Schluss muss er aber doch - ich weiß nicht, ob er da noch singt oder nur spricht - am Schluss muss er doch den Grund für das Unheil-Sein ansprechen: „Möchten die Sünder von der Erde verschwinden und die Gottlosen nicht mehr sein!"

Im Talmud, der Sammlung jüdischer Lehrweisheit, will Brurja, die Frau Rabbi Meïrs, hier einen kleinen Vokalpunkt im überlieferten Text ändern. Damit ändert sich nicht der Klang des hebräischen Wortes, aber sein Sinn, und es sind nun die „Sünden", die statt der Sünder von der Erde verschwinden sollen. Diese sollen sich bekehren; dann werden auch keine Gottlosen mehr sein. Das ist übrigens meines Wissens die einzige Stelle im Talmud, die die Lehrmeinung einer Frau wiedergibt (Brachot 10a).

Die Sünde, so erfahren wir es durch Jesus und bekennen es mit dem Wort vom Kreuz, ist schon besiegt. Und auch die Hebräische Bibel weiß von der Vergebung der Sünden in der Umkehr der Sünder.

Aber nur wer dieses Geschenk der Vergebung und Versöhnung auch in aller Demut für sich annimmt, kann wieder in kindlicher Weise den Einklang mit dem mütterlich-väterlichen Schöpfer erfahren, nach dem dieser Psalm seufzt, nur der bringt es fertig, sich wieder in die Schöpfung einzuordnen anstatt sie zu zerstören.

Die Zerstörung von Gottes Eigentum, seiner Schöpfung, die wir zugleich beklagen und weiter betreiben, ist die eigentliche Gottlosigkeit, die dann auf uns zurückfällt, und auch auf die, die nicht in erster Linie die Verursacher sind, wenn die Folgen von Klimaveränderungen, die durch künstliche Erderwärmung verursacht werden, gerade die Ärmsten der Armen treffen.

Und es ist ein Bußruf an uns selber, wenn wir in das Gebet des Psalms einstimmen: „Möchten die Sünden von der Erde verschwinden und die Gottlosen nicht mehr sein!"

Wenn wir diesen Ruf hören und befolgen, können wir auch freien Herzens und gemeinsam mit aller Kreatur singen: „Lobe den Herrn, meine Seele! Hallelujah!" Amen.

Psalm 25, 1 – 5: Meine Seele steigt auf Erden ...

(Gebet:) Herr, halt uns fest bei Dir, denn anderswo finden wir keinen Halt. Du hast uns in eine Welt gestellt, die Du wohl gut geschaffen hast - in der wir aber nicht mehr verstehen, was in ihr vorgeht. Es ist unser Unverstand, der uns dazu verführt, mit ihr umzugehen wie mit einem Besitz, für den wir niemandem Rechenschaft schulden. Als Geschöpfe haben wir Dich, den Schöpfer vergessen, und damit auch unsere Verantwortung für unsere Mitgeschöpfe.

Herr, hilf uns heraus aus dem Loch unserer Einbildungen auf den Boden Deiner Realität, die Frieden schafft auf Erden, Frieden zwischen den Menschen und zwischen den Menschen und der übrigen Schöpfung und Frieden der ganzen Schöpfung mit Dir. Wir legen Dir ans Herz alle, die unter dem bestehenden Unfrieden leiden. Wir denken an alle Opfer von Gewalt und Terror in aller Welt, wie auch in Deinem Land Israel. Schenke Deinem Volk Frieden mit allen Nachbarn, schenke solchen Frieden allen Völkern und Menschen. Lehre uns dazu auch die Gerechtigkeit, die allen zukommen lässt, was sie brauchen, und ohne die kein Frieden ist. Und Herr, laß Frieden werden zwischen uns Menschen und den Kräften der Natur. Gib denen Verstand, die politisch und wirtschaftlich Lösungen finden müssen, das Erdklima zu retten. Lass uns selber sorgsamer umgehen mit unseren Wäldern und Flüssen und allem, was Du uns an Lebensraum gibst. Erweise Dich als Tröster und Herr, der an seinen Verheißungen festhält, auch da, wo wir Deine Erwartungen nicht erfüllen. Um Dein Eingreifen bitten wir Dich mit den Worten Jesu: Unser Vater im Himmel...

Predigt zu Psalm 113 am 27. August 1995
in der Französischen Friedrichstadtkirche zu Berlin

Lieder vor der Predigt: 503, 1-3+8: Geh aus mein Herz und suche Freud..., 235, 1-4: O Herr, nimm unsre Schuld..., 211, 1-5: Gott, der du alles leben schufst...und 456 (Kanon): Vom Aufgang der Sonne...

Weitere Texte: Die Zehn Gebote, im Rahmen der Taufe: Matthäus 28, 18 – 20., Frage und Antwort 1 des Heidelberger Katechismus und Psalm 23, 1 + 6.

Predigttext: der113. Psalm (Zürcher Bibel von 1931):

HALLELUJAH! Lobet, ihr Knechte des Herrn, lobet den Namen des Herrn!
Der Name des Herrn sei gelobt von nun an bis in Ewigkeit!
Vom Aufgang der Sonne bis zu ihrem Niedergang sei gepriesen der Name des Herrn!
Der Herr ist erhaben über alle Völker, und seine Herrlichkeit über die Himmel!
Wer ist dem Herrn gleich, unserm Gott, im Himmel und auf der Erde?
Ihm, der droben thront in der Höhe, der herniederschaut in die Tiefe;
der aus dem Staub den Geringen aufrichtet, aus dem Kot den Armen erhebt,
dass er ihn setze neben Fürsten, neben die Fürsten seines Volkes;
der die Unfruchtbare, die Kinderlose zur fröhlichen Mutter von Kindern macht. HALLELJAH!

Liebe Gemeinde,
„Vom Aufgang der Sonne bis zu ihrem Niedergang sei gepriesen der Name des Herrn !" So sagt es der Psalm, so haben wir es gesungen: Um den Namen geht es, den Namen Gottes, der aber nicht ausgesprochen werden soll, um ihn vor Missbrauch zu schützen - oder genauer: Um uns selbst davor zu schützen, ihn zu missbrauchen. Aber gelobt und gepriesen soll er sein, der Name, μΔ2η–, unseres Gottes. Drei Verse lang geht es in diesem Psalm nur darum, bis dann im vierten Vers die erste

Begründung dafür kommt, ohne „denn" und „wenn": „Der Herr ist erhaben über alle Völker, und seine Herrlichkeit über die Himmel."

Bleiben wir aber noch beim Namen. Wieso der Name und nicht er selber ? Er, der so erhaben ist? „Preiset Gott!", „Lobet den Herrn!", so singen wir doch auch sonst.

Ist „der Name" hier vielleicht als etwas zu verstehen, hinter dem sich ein Ganzes, Größeres verbirgt, ein „pars pro toto", wie Bildungsbürger das nennen, damit man merkt: Sie können Latein ? Natürlich ist das so. Das ist bei jedem Namen so: Einen Namen benutzen wir doch kaum um seiner selbst willen, sondern um die Person, die ihn trägt, zu benennen oder ihre Aufmerksamkeit zu erregen. Gewiss, es gibt besonders schöne Namen, und das darf man dann auch sagen; Isabelle zum Beispiel, der Name unseres Täuflings, ist ein schöner Name, nicht nur vom Klang her. In diesem Namen verbirgt sich eine Kurzform von „Elisabeth". Das ist hebräisch und heißt „mein Gott ist Siebenheit", und das bedeutet: „Mein Gott ist Vollkommenheit". Und dazu kommt das französische „belle", „die Schöne". - Aber loben wir deshalb den Namen „Isabelle" ? Eher beglückwünschen wir da die Eltern, weil sie ihrem Kind einen so schönen Namen ausgesucht haben.

Namen brauchen wir. Nicht nur, weil wir doch nicht alle Leute mit „He, du da" oder „He, Sie da" rufen können. Mit dem Namen verbinden wir die Person, stellen also eine Verbindung zwischen uns her. Und indem wir unseren eigenen Namen preisgeben, geben wir auch uns selber ein Stück weit preis. Das wissen wir nicht nur von Ämtern und Behörden, wenn wir gefragt werden: „Name?", sondern hoffentlich auch von guten Beziehungen, wenn wir einmal schüchtern gefragt haben: „Wie heißen Sie denn?" oder „Wie heißt Du denn?", um dann eine engere Beziehung aufzubauen.

So ist es auch mit dem Namen Gottes. Indem er seinem Volk seinen Namen mitteilte, stellte er eine Verbindung zwischen sich und dem Volk her. Er ist seinem Volk kein Anonymer und deshalb Fremder. Nicht ein Irgendwer hat es aus der Sklaverei befreit und durch die Wüste ins gelobte Land gebracht, sondern der, den sein Volk mit Namen kennt, auch wenn es ihn nicht nennt. Denn es weiß: in diesem Namen hat Gott sich seinem Volk auch preisgegeben, inklusive der Möglichkeit, den Namen zu missbrauchen, Gott für unsere Zwecke zu zitieren, ihn zu lästern.

Aber wichtiger ist die andere Preisgabe: die in der Liebe. Indem Gott sein Volk beim Namen nennt und ihm selbst seinen Namen bekannt gemacht hat, hat er eine Liebesgeschichte mit ihm begonnen. Und die ist, wie wirkliche Liebesgeschichten sind: oft schwierig, manchmal auch grotesk, mit Liebeskummer, Eifersucht, Trennung und Versöhnung und wonnevollen Stunden. Ja, es ist in diesem Fall sogar eine besonders dramatische Liebesgeschichte, und sie ist noch nicht zu Ende. Wie sie angefangen hat und die frühen Hochs und Tiefs, das können Sie in der Bibel nachlesen, vom ersten Buch Moses bis zur Offenbarung des Johannes.

In der Mitteilung seines Namens wird Gott Gott für sein Volk. Und im Namen Jesu, der in seiner hebräischen Form ι–∆‰οηψ∃ den Gottesnamen in einer Kurzform enthält, wird er Gott für die Völker, auch für uns. Deshalb ist nicht nur Gott als Gott, sondern ist sein Name und ist der Name Jesu besonders zu loben: „Lobet, ihr Knechte des Herrn, lobet den Namen des Herrn!" und: „Vom Aufgang der Sonne bis zu ihrem Niedergang, sei gelobet der Name des Herrn!" Das heißt nicht: nur von morgens bis abends. Zu loben ist der Name des Herrn ebenso in der Nacht, und im Jerusalemer Tempel gab es auch besondere Nacht-Gottesdienste. Und wer sich in der Dunkelheit fürchtet, sollte es gerade dann tun. Sondern „Aufgang und Niedergang der Sonne" meint den ganzen Erdkreis: Dieser Gott ist nicht der Privatgott Israels, obwohl die Beziehung zwischen ihm und Israel eine besondere ist. Aber das ist sie nicht für Israel allein; diese besondere Beziehung soll vielmehr dazu dienen, dass alle Welt in das Lob des Namens Gottes einstimmt, so dass aus der Liebesgeschichte zwischen Gott und Israel eine Liebesgeschichte zwischen Gott und der ganzen Welt wird. So war es von Anfang an in der Abrahamsverheißung festgelegt, und Israel hat das nie vergessen. Dieser Psalm bezeugt es erneut. Und deshalb durften wir auch heute das Kind Isabelle auf seinen Namen taufen, auf den Namen Gottes, des Vaters, des Sohnes, des Heilgen Geistes. Damit, und damit, dass wir dabei vor Gott auch Isabelles Namen laut ausgesprochen haben, bezeugen wir, dass sie in dieser Liebesgeschichte schon mit drin steckt. Er kennt sie mit Namen, sie soll ihn mit Namen kennenlernen - und kennt ihn auf ihre Weise eines Säuglings schon jetzt.

Nach der dreifachen Aufforderung, Gottes Namen grenzenlos - ohne geographische und ohne zeitliche Begrenzung: „Von nun an bis in Ewigkeit" - zu loben, folgt die Begründung: „Der Herr ist erhaben über alle Völker und seine Herrlichkeit über die Himmel." Erhaben ! μρ= auf hebräisch: das heißt „hoch" in jeder Beziehung, unerreichbar für uns, und doch über uns so, dass wir in seinem Schatten, in seinem Schutz bleiben. Nur in seinem Namen haben wir direkten Zugang zu ihm, wird er, der so Ferne, ein Naher für uns. Und deshalb kann der Psalmsänger - beziehungsweise einer der beiden Chöre, die ihn vermutlich im Tempel gesungen haben - daraufhin fragen: „Wer ist dem Herrn gleich, unserem Gott, im Himmel und auf Erden?" Es ist dieser Hohe und Erhabene, eigentlich so unendlich Ferne, der sich den Seinen auf Erden gegeben hat, wobei „unser" kein Besitzverhältnis ausdrückt, sondern eine enge Beziehung, wie auch im Ausdruck „Unsere Eltern" - und hoffentlich und natürlich auch im Ausdruck „unser Kind".

Bei all dem bleibt er der Erhabene. Aber die Richtung seines Blickes von seiner erhabenen Höhe aus geht nicht nur in die Weite und Größe seines Weltraums, erfasst nicht nur Großes und Erhabenes, sondern ist in die Tiefe gerichtet, in der wir hocken und erfasst jeden Einzelnen von uns in seiner Kümmerlichkeit.

Und er blickt nicht nur, er tut: „...der aus dem Staub den Geringen aufrichtet, aus dem Kot den Armen erhebt, dass er ihn setze neben Fürsten, neben die Fürsten seines Volkes." Hier ist er nicht ein Umstürzender wie in anderen Liedern, wo er die Stolzen erst mal von den Thronen stürzt. Hier ist er ein aufrichtender Richter, ein Erhabener, der andere, die es nicht selber können, erhebt und erhaben macht. In seinem Volk so erhaben wie dessen Fürsten: Das ergibt ein Volk nur noch von Fürsten ! Auch das wäre eine klassenlose Gesellschaft, aber unter einem ganz anderen Vorzeichen, als wir diesen Begriff sonst kennen. Ja, sein Volk soll ein Volk sein, wo jeder und jede wie ein Fürst geachtet und geehrt wird. Und das fängt bei den kleinen Kindern an: Sie sind - nach Zinzendorf - Majestäten und als solche zu behandeln. Auch dann noch, wenn sie ganz alt geworden sind.

Dass es in seinem Volk so zugeht, ist, was die anderen Völker erkennen sollen: Die Zugehörigkeit zu diesem Herrn adelt und alle Sklaverei und menschliche Unterordnung wird aufgehoben. Das ist Sinn und Ziel der Gebote, die er seinem Volk gegeben hat. Das ist die Freiheit seiner Kinder.

Natürlich funktioniert so etwas nicht, wenn sich dann alle so aufspielen, wie wir das von Fürsten und ihren Nachfolgern kennen. Wir wissen von Jesus, dass im Reich Gottes der Diener und die Dienerin die Vornehmsten sind. Was da adelt, ist also der Dienst am Nächsten und an der Nächsten. Wo aber alle solchen Adel tragen, da bricht das Gottesreich hervor.

In der als Wochenpsalm gegebenen Form bricht der Psalm mit dieser Adelung ab. Das ist schade, und deshalb lesen wir weiter: „...der die Unfruchtbare, die Kinderlose zur fröhlichen Mutter von Kindern macht. Hallelujah!"

Über das beklagenswerte Schicksal kinderloser Frauen im alten Israel kann man am Anfang des 1. Buchs Samuel Aufschlussreiches lesen. Da wird Hanna, die spätere Mutter Samuels, deshalb von ihrer Mit-Ehefrau von oben herab behandelt und kann sich nicht über dieses Schicksal trösten. Ich denke, wir müssen das ernst nehmen und wissen, dass es auch heute noch Kulturen gibt, wo es so ist, und dass Kinderlosigkeit auch bei uns für viele Frauen ein schweres Problem ist. Es kann gut sein, dass die Geschichte der Hanna, der Mutter Samuels, bei diesem Vers mitbedacht worden ist. Wir dürfen ihn aber nicht darauf verkürzen.

Denn das Kinderhaben ist nicht nur die Bestätigung und die Adelung der Frau; es ist auch eine große Verheißung: nämlich die, dass Gottes Geschichte mit uns weitergeht, auch über uns selber hinaus. Wir haben heute ein Stück Zukunft der Familie Matthieu und unserer Kirche getauft. Wir erfahren darin die Treue Gottes, die weiterführt, die die Seinen auch dann nicht verlässt, wenn sie dieses Erdenleben verlassen. Hier ist es ein leibliches Kind unserer Gemeinde; es gibt auch andere, die diesen nicht nachstehen: In denen, die nach uns und jetzt schon als Jünger mit uns den Namen des Herrn loben setzt unser Loben sich fort - das selber wiederum das Lob des alten Israel und der Kirche fortsetzt. Im Loben des Namens des Herrn sind wir eingebunden in eine Geschichte, die in Vergangenheit wie Zukunft weit über uns hinausweist - und doch unsere ist: die erste Verheißung Gottes an Abraham - und das Ziel des vollendeten Gottesreiches: Im Loben haben wir daran teil. Hallelujah. Amen.

Lied 322, 1-6: Nun danket all und bringet Ehr...

(Gebet:) Herr, wir loben Dich und preisen Deinen Namen, weil wir wissen: In keinem anderen finden wir Heil und findet diese Welt Frieden. Wir vermissen den Frieden, ja, die Welt seufzt unter all dem, was Menschen einander und der Natur antun. Du hast uns in Deiner Weisung andere Möglichkeiten eröffnet; Du hast uns gesagt, wie wir alle geadelt und den Fürsten Deines Volkes gleich werden können: eine Weltgesellschaft von Fürsten, in der die wahre Menschenwürde verwirklicht ist. Lass uns doch von diesem großen Ziel schon heute etwas verspüren. Lass das Leben, das Du gibst, nicht aus Deiner Hand gleiten. Wehre denen, die es geringschätzen, die das Leben anderer verachten und Krieg und Not über sie bringen. Wehre auch unserer Gleichgültigkeit und unserer Gewöhnung an das Schreckliche. Zeige uns unsere Möglichkeiten, dem Leben der Menschen zu der Würde zu verhelfen, die Du ihm bestimmt hast. Wir bitten Dich für das Kind Isabelle, das wir Dir übergeben haben: Lass sie heranwachsen in eine Welt, die sie verstehen kann und in der sie ihren würdigen Platz findet. Wir bitten Dich für ihre Eltern und alle, die sie darin begleiten werden: Schenke ihnen Geduld und Phantasie. Wir bitten Dich für unsere Kranken und Einsamen: Lass sie Gemeinschaft und Hilfe erfahren. Für alle, die nicht wissen, wofür sie da sind, bitten wir Dich um Wegweisung und die Kraft der Hoffnung. Herr, wir legen Dir die ganze Not dieser Welt zu Füßen, mit der wir nicht fertig werden und die uns bedrückt macht. Lehre uns, Dich besser und kräftiger zu loben - nicht um uns hinwegzutrösten über das Elend, sondern um ihm zu widerstehen. Lass Deinen Namen siegen über die Namen aller, die Dir die Ehre rauben. Ersetze die Würde, die wir Menschen uns gegeneinander anmaßen durch die Würde, die Du allen schenkst.

Wir bitten, wie wir es von Deinem Sohn Jesus gelernt haben: Unser Vater im Himmel...

Predigt zu Psalm 115 am 19. April 2009
in der Luisenkirche Berlin Charlottenburg

Thema des Gottesdienstes: Gott allein die Ehre! Calvins Vermächtnis an die EKBO (Evangelische Kirche Berlin-Brandenburg-schlesische Oberlausitz) Der Prediger war als Gast eingeladen, die Liturgie wurde von der Gemeinde gestaltet.

Der Gottesdienst begann mit dem Lesen des 115. Psalms im Wechsel. (Zürcher Bibel von 2007):

Nicht uns, HERR, nicht uns, sondern deinem Namen gib Ehre, um deiner Gnade, um deiner Treue willen.
Warum sollen die Völker sagen: Wo ist denn ihr Gott?
Unser Gott ist im Himmel, er vollbringt, was ihm gefällt.
Ihre Götzen sind Silber und Gold, Machwerk von Menschenhand.
Sie haben einen Mund und sprechen nicht, haben Augen und sehen nicht.
Sie haben Ohren und hören nicht, haben eine Nase und riechen nicht.
Mit ihren Händen fühlen sie nicht, mit ihren Füssen gehen sie nicht, mit ihrer Kehle geben sie keinen Laut.
Ihnen werden gleich sein, die sie machen, jeder, der ihnen vertraut.
Israel, vertraue auf den HERRN. Er ist ihre Hilfe und ihr Schild.
Haus Aarons, vertraut auf den HERRN. Er ist ihre Hilfe und ihr Schild.
Die ihr den HERRN fürchtet, vertraut auf den HERRN. Er ist ihre Hilfe und ihr Schild.
Der HERR hat unser gedacht, er segnet. Er segnet das Haus Israel, er segnet das Haus Aarons.
Er segnet, die den HERRN fürchten, die Kleinen und die Großen.
Der HERR mehre euch, euch und eure Kinder.
Gesegnet seid ihr vom HERRN, der Himmel und Erde gemacht hat.
Der Himmel ist der Himmel des HERRN, die Erde aber hat er den Menschen gegeben.
Nicht die Toten loben den HERRN, keiner von allen, die hinabfuhren ins Schweigen.
Wir aber, wir preisen den HERRN von nun an bis in Ewigkeit.
Hallelujah.

Liebe Gemeinde,
über Jean Cauvin oder Johannes Calvin, wie er sich latinisierend nannte, und seine Bedeutung für die Kirche insbesondere in unseren Landen soll es hier gehen – ein sehr weites Feld. Um in dieser Weite etwas Orientierung zu finden, will ausgehen von dem, was Calvins tiefster Beweggrund war: Die Ehre Gottes.

Und weil das, was ich hier gerade beginne, Predigt genannt wird, gehe ich von dem biblischen Text aus, der uns auf den Weg gebracht hat und der uns am Schluss der Predigt wieder einholen soll: dem 115. Psalm.

> Nicht uns, HERR, nicht uns, sondern deinem Namen gib Ehre, um deiner Gnade, um deiner Treue willen.
> Warum sollen die Völker sagen: Wo ist denn ihr Gott?
> Unser Gott ist im Himmel, er vollbringt, was ihm gefällt.

Gott allein die Ehre, um seiner Gnade, um seiner Treue willen! Er ist für uns der Gnädige und Treue, weil er Gnade und Treue gegen uns übt – aber nicht wie wir es erwarten, sondern so, wie es ihm selbst gefällt.

Die ersten Sänger dieses Psalms erfuhren Gottes Gnade und Treue vor allem als Hoffnung auf das, was ihnen äußerlich bitter fehlte: Die Enkel der seinerzeit nach Babylonien deportierten Jerusalemer, zurückgekehrt zu den Ruinen der Väterstadt, führten dort ein kümmerliches Dasein, verlacht von den Nachbarn und hilflos ihren Überfällen ausgeliefert. Aber wissend, dass da der Gnädige und Treue ist, auch wenn von ihm jetzt nichts zu sehen und nichts zu spüren ist: Unser Gott ist im Himmel, er vollbringt, was ihm gefällt. Ihm allein die Ehre!

Sie kennen wohl Luthers sola- oder allein-Worte: sola scriptura, sola fide, sola gratia = allein aus der Schrift, allein aus Glauben, allein aus Gnade. Johannes Calvin kannte sie auch, aber er ordnete diese Worte unter das eine: sola deo gloria = allein Gott die Ehre. Das ist für ihn Grund des Glaubens, Kriterium, die Schrift zu interpretieren, und Sinn und Zweck der Gnade.

Zu seiner, Gottes Ehre, offenbart er sich uns in seinem geschriebenen und gesprochenen Wort, zu seiner Ehre ruft er uns zum Glauben, zu seiner Ehre erwählt er uns trotz all unseres Menschelns zur Seligkeit. Und wer Calvin die doppelte Erwählung, nämlich auch die zur ewigen Gottferne, die Verwerfung, vorwirft, sollte ihn genauer studieren: Gerade weil es theoretisch auch die Möglichkeit der Verwerfung gibt, so der Jurist Calvin, leuchtet um so größer Gottes Ehre, wenn er von der Verwerfung keinen Gebrauch macht. So ist es bei Gott.

Und bei uns? Wenn wir Gott allein Ehre zugestehen wollen, dann verzichten wir auf eigene Ehre. Der Satz „Ehre, wem Ehre gebührt" erfordert dann den Zusatz: „nämlich Gott allein". Und hinter diese Feststellung tritt jede Sorge ums eigene Seelenheil zurück, denn diese Sorge verführt dazu, Gott etwas abtrotzen und es so annehmen zu wollen, als könnten wir es auch ablehnen. Diese Wahl haben wir nicht. Gott allein die Ehre!

Kurfürst Johann Sigismund wurde von dieser Radikalität des göttlichen Anspruchs angezogen. Schon der 20jährige, der in Strasbourg studierte, war dort von dem aufgeschlossenen reformierten Gedankengut angetan. Sein streng lutherischer Großvater Johann Georg ließ ihn daraufhin einen Revers unterschreiben, dass er bis ans Lebensende bei den lutherischen Bekenntnissen verharren werde.

Aber 12 Jahre später, der Großvater war schon 6 Jahre bei denen, die nach unserem Psalm Gott nicht mehr loben, im Jahr 1604, hielt sich Johann Sigismund länger am Pfälzischen Hof in Heidelberg auf und hatte mit Pfalzgräfin Luise und den reformierten Lehrern der Universität lange Gespräche über den Glauben, die dazu führten, dass er die reformierten Lehren als biblisch besser begründet erkannte als die lutherischen Bekenntnisse. Nicht der Revers, den ihm der Großvater abverlangt hatte, sondern politisches Kalkül und Rücksicht auf seine streitbar lutherische Ehefrau hielten ihn noch davon ab, sein neues Bekenntnis, zu dem Gott ihn berufen hatte, öffentlich zu machen.

Das tat er auch noch nicht bei seinem Regierungsantritt 1608, bei dem er sich jedoch schon nicht auf die lutherische Konkordienformel festlegen ließ, sondern das tat er erst nach den Krisenjahren seiner Regentschaft 1613 mit der ausdrücklichen Feststellung, er wolle sein Regiment nicht auf die Gewissen seiner Untertanen ausdehnen, und denen stehe es nicht zu, ihm den Glauben vorzuschreiben. Was ihn zum Schritt des Konfessionswechsels bewogen hatte, ließ er ausführlich in der Confessio Sigismundi darlegen, die 1614 erschien. Obwohl – oder vielleicht gerade weil sie nicht in allem mit Calvin konform geht, ist diese Confessio ein Dokument Calvinischen Geistes, in dem allerdings nirgends Calvin, aber umso öfter Luther wörtlich zitiert wird.

Johann Sigismund hat mit diesem Schritt zum Einen das im Augsburger Religionsfrieden festgelegte „Cuius regio, eius religio" – Wessen die Herrschaft, dessen die Religion – außer Kraft gesetzt und generell in Frage gestellt, zum Anderen hat er sich, wie seine badischen Verwandten, zu einem Glauben bekannt, der im selben Religionsfrieden nicht geschützt war und in Deutschland erst im Westfälischen Frieden gesetzliche Anerkennung fand. Dass er mit der so eröffneten Gewissensfreiheit indirekt der Aufklärung den Weg bereitete, konnte er nicht absehen. Für ihn war der Schritt Gehorsam gegen das Wort Gottes und die notwendige Fortführung der Reformation, heraus aus der Enge der lutherischen Orthodoxie in die Weite: Gott zur Ehre.

Es kostete ihn viel: Anfeindungen des geballten Luthertums aus der Familie, aus dem eigenen und aus den Nachbarländern, Steuerverweigerungen in Brandenburg, die Beschneidung der fürstlichen Rechte in Preußen. Er nahm es in Kauf – zur Ehre Gottes.

Die steht weit über jeder ausgeprägten Kirchlichkeit und über jedem Konfessionalismus. Johann Sigismund nahm ernst, was Calvin lehrte, dass Kriterium der richtigen Kirche die Predigt des unverfälschten Wortes Gottes und die rechte Sakramentshandhabung ist, darüber hinaus die Gestaltung der Kirche aber den örtlichen Erfordernissen entsprechen soll und immer etwas Vorläufiges bleibt. Diese Ortskirche ist als Teil der Heiligen Katholischen Apostolischen Christlichen Kirche immer ganz und gar Kirche. Ihre Katholizität ist aber nicht Einheitlichkeit sondern die Summe von Verschiedenem, also etwas Buntes, womit allerdings keine bunten Textilien gemeint sind.

Aber nicht einmal die wären für Calvin kirchentrennend gewesen, so wenig wie die unterschiedliche Abendmahlsinterpretation – die Abendmahlsgemeinschaft wurde bis 1973 ja nicht von den Reformierten verweigert – oder die Prädestinationslehre – sie betont, wie schon gesagt, bei Calvin nur die Ehre Gottes – oder die Betrachtung des Alten Testaments – Calvin sucht in ihm nicht nur „was Christum treibet", sondern sein Eigenes – oder das Verständnis dessen, was Bekenntnisse sind: Bei Calvin wie bei allen Reformierten sind sie zeitgebundene Erkenntnis, die immer wieder an der Schrift zu prüfen und weiter zu entwickeln ist: Ekklesia semper reformanda: Der Glauben und die Kirche haben in der Welt keine endgültig richtige Gestalt.

Diese Offenheit ist einerseits anstrengend, weil man sich immer wieder neu definieren muss. Sie macht andrerseits die reformierten Kirchen unionsfähig. Eine Union in der Offenheit Calvins war es, was Johann Sigismund wollte, was ihm seine lutherischen Untertanen aber verweigerten. Erst zweihundert Jahre später kam es dazu, und die Reformierten machten dabei bald die Erfahrung, dass es bei einer Union nicht genügt, wenn eine Seite offen ist für andere oder neue Erfahrungen. Die Unionen seit 1817 führten in Preußen zu einer Dreiheit von Bekenntnisständen: Die Mehrheit der Gemeinden blieb beim lutherischen Bekenntnis. An vielen Orten taten sich Lutheraner und Reformierte zu unierten Gemeinden zusammen, in denen beide Bekenntnisse Anerkennung finden sollten, ohne dass bis heute geklärt wurde, was „Bekenntnis" eigentlich sei. Und nur, wo es rein reformierte Parochien gab, im Havelland und bei Prenzlau, oder wo man eine andere Sprache sprach, in den Hugenottengemeinden französisch, in der Bethlehemsgemeinde tschechisch, oder wo reformierte Hofgemeinden ihren Bekenntnisstand bewahrten, in Schwedt und in Köpenick, da blieben reformierte Gemeinden erhalten und damit die reformierte Tradition in unserer Kirche.

Denn wie es dem reformierten Erbe in den unierten Gemeinden erging, kann man beispielhaft an den Gottesdiensten im Berliner Dom und vielleicht auch hier wahrnehmen: in der Regel hoch lutherisch, in der Ausnahme (am Dom abends, hier um 11.30 Uhr) in Formen, die zwar an reformierte Schlichtheit erinnern, aber besondere reformierte Elemente wie die Verlesung der Gebote Gottes übergehen und anderes enthalten, was Reformierten anstößig ist. Bei der Deutschen Messe fremdeln wir vielleicht etwas, dennoch können wir Reformierten in unserer Landeskirche damit leben. Denn wesentlichere Elemente reformierten Selbstverständnisses sind in das Selbstverständnis der Gesamtkirche eingegangen: Das Prinzip der am Ort von Ältesten und insgesamt von Synoden geleiteten Kirche ringt zwar allenthalben noch mit konsistorialen Strukturen, lässt aber doch Kirche erleben, die versucht, alle ihre Glieder mit in die Verantwortung zu ziehen, und das heißt gut reformiert: Bekenntnis zu leben.

Wie schon gesagt: Jedes formulierte Bekenntnis hat in der Reformierten Kirche nur vorläufige Bedeutung. Calvin hat sich persönlich nicht einmal auf die altkirchlichen Bekenntnisse festlegen lassen, obwohl sie Grundlage seines Katechismus sind, und die Reformierten Kantonalkirchen der Schweiz wie die in ihrem Ursprung reformierte Kirche der Pfalz erwähnen in ihren Grundordnungen kein formuliertes Bekenntnis außer der Bibel. Zugleich sind die Reformierten aber Weltmeister im Bekenntnis-Formulieren, nämlich je aktuell. Ein solches aktuell formuliertes Bekenntnis wird in Deutschland von allen unierten und einigen lutherischen Kirchen mitgetragen: Die Theologische Erklärung von Barmen aus dem Jahr 1934. Aber die ist kein Schlusspunkt gewesen. Lokal und national wurden und werden immer weiter Bekenntnisse formuliert, auf der Ebene des Reformierten Weltbundes auch überregional fortentwickelt, zuletzt das Bekenntnis von Accra von 2004, mit dem Titel „Bund für wirtschaftliche und ökologische Gerechtigkeit", das wie alle neueren reformierten Bekenntnisse auf ganz praktische Umsetzung ausgerichtet ist.

Solch reformiertes Bekennen war auch unserer Landeskirche einst wichtig als Einsatz für Frieden, Gerechtigkeit und Bewahrung der Schöpfung, ist ihr aber, so scheint es, über Finanz- und Strukturproblemen etwas aus dem Blick geraten. Hier täte etwas mehr Reformiertsein gut, zur Ehre Gottes! Denn wesentlich liegt Gottes Ehre darin, dass es seinen Geschöpfen in ihrer Geschöpflichkeit gut geht. Das ist der Kern des Gebotes an Israel: „Es wird bei dir keinen Armen geben" (Deuteronomium / 5. Mose 15, 4.). Deshalb zählt die Diakonie zu den ureigensten Funktionen jeder Gemeinde.

Und noch eins, wenn es um die Ehre Gottes geht: Sie verträgt sich nur schlecht mit Personenkult.. Deshalb sind „Calvinismus" oder „calvinisch" so wenig wie „zwinglianisch" oder andere von Personen abgeleitete Benennungen reformierte Selbstbezeichnungen. „Calvinisten" nennen uns nur andere. Wir danken Gott, dass er immer wieder Leute berufen und beauftragt hat und es weiter tut, seine Kirche zu erneuern, bleiben aber selber immer nur die nach dem Wort Gottes reformierte Kirche, die deshalb auch keinen Bischof hat. Der Bruder Huber ist für uns der Vorsitzende der Kirchenleitung; das biblische Amt des Bischofs ist reformiert immer ein kollektives, das Älteste und Pastoren gemeinsam wahrnehmen, wobei sie nicht Herren der Kirche sind, sondern dem Herrn der Kirche dienen: Gott zur Ehre.

Der Psalm, von dem ich ausgegangen bin, spricht vom Segen, den Gott auf die legt, die ihm vertrauen. Calvin würde da von der Gnade der Rechtfertigung sprechen, in der sich Gottes Ehre an uns erweist, und die die Gnade der Heiligung begründet, die uns treibt, auf Erden seinen Willen zu tun, und zwar selbst zu tun und uns nicht auf vermeintlichen Lorbeeren der Vorfahren, etwa Calvins, Zwinglis oder auch Johann Sigismunds auszuruhen, Gott zur Ehre.

Denn: „Gesegnet seid ihr vom HERRN, der Himmel und Erde gemacht hat.

Der Himmel ist der Himmel des HERRN, die Erde aber hat er den Menschen gegeben.

Nicht die Toten loben den HERRN, keiner von allen, die hinabfuhren ins Schweigen.

Wir aber, wir preisen den HERRN von nun an bis in Ewigkeit. Hallelujah." Amen.

**Predigt zu Psalm 116 am 22. April 2006
im Coliny-Kirchsaal Berlin Halensee**

Lieder vor der Predigt: 100, 1 – 4: Wir wollen alle fröhlich sein..., 235, 1 – 4: O Herr, nimm unsre Schuld... und 292, 1 – 5: Das ist mir lieb...

Weitere Texte: 1. Petrus 2, 2., die Zehn Gebote, und Epheser 2, 1 - 10.

Predigttext: Psalm 116

Ich liebe JHWH, da er meine Stimme, mein Flehen hört;
da er sein Ohr zu mir neigt wenn ich täglich rufe.
Mich umfangen Stricke des Todes, und Bedrängnisse der Unterwelt finden mich, ich finde Not und Kummer;
Dann rufe ich JHWH beim Namen: „Ach, JHWH, rette mein Leben!"
Gnädig ist JHWH und gerecht, und unser Gott ist barmherzig.
Hüter der Schutzlosen ist JHWH; arm bin ich und er hilft mir.
Kehre um, mein Leben, zu deiner Ruhe; denn JHWH tut dir Gutes.
Denn Du errettest mein Leben vom Tode, mein Auge vor der Träne, meinen Fuß vor dem Stolpern.
Ich wandle angesichts JHWHs im Lande der Lebenden.
Ich glaube, während ich sage: „Ich bin tief gebeugt.",
während ich in meiner Unruhe spreche: „Jeder Mensch ist treulos."
Wie gebe ich JHWH alle seine Guttat an mir zurück?
Ich erhebe den Becher des Heils und rufe JHWH beim Namen.
Mein Gelübde erfülle ich JHWH, und zwar vor seinem ganzen Volk.
Teuer ist in den Augen JHWHs das Sterben seiner Frommen –
ach, JHWH, wenn ich auch Dein Knecht bin, ich, Dein Knecht, Sohn Deiner Magd, löst Du doch meine Bande.
. Dir schlachte ich ein Dankopfer und rufe JHWH beim Namen.
Mein Gelübde erfülle ich JHWH, und zwar vor seinem ganzen Volk,
in den Höfen des Hauses JHWHs, in deiner Mitte, Jerusalem! Hallelujah!

Liebe Gemeinde,
dieser Psalm ist nach evangelisch-lutherischer Ordnung der Wochenpsalm für die zweite Woche nach Ostern, die heute beginnt. Ich gehe davon aus, dass das keine willkürliche Wahl war, sondern dass dieser Psalm von der entsprechenden liturgischen Kommission als

österlich empfunden wurde. Darauf werden wir im Verlauf dieser Predigt noch einmal zurück kommen.

Zunächst aber lassen Sie uns diesen Psalm als das nehmen, was er ist: Das Danklied eines Frommen in Israel, der Bewahrung erfahren hat in größter Not und in größter Verlassenheit.

Wie zumeist in den Psalmen, werden die Todesnot und der menschliche Betrug, den der Beter erfahren hat, nicht weiter präzisiert. Das ist kein Unterlassen oder gar schnelles darüber hinweg Gehen, sondern es ist die Einladung an spätere Hörer und Leser, in die Worte der Psalmen ihre je eigene Situation und Erfahrung hineinzulegen. Wie weit wir unsere Erfahrungen in das Gebet eines Frommen aus Israel übertragen können, müssen wir jedoch gut bedenken.

Mit einem Bekenntnis wie einem Fanal beginnt der Psalm: „Ich liebe JHWH!"; eine momentane Gefühlsäußerung, die der Beter herausrufen muss, und zugleich die Erfüllung des zentralen Gebotes, das am Anfang des täglichen Gebets im *Sch'mah-Jizrael* steht: „Höre, Israel, JHWH ist unser Gott, JHWH ist einzig. Und Du liebst JHWH, deinen Gott, von ganzem Herzen, von ganzer Seele und mit aller deiner Kraft."

Kann man Liebe gebieten? Respekt, ja. Gute Behandlung bis hin zur Selbstaufgabe auch noch. Aber Liebe? Und in der Tat steht hier für „Lieben" das hebräische Wort *ahab*, das auch für die Liebesbeziehung zwischen zwei Menschen gebraucht wird und das eine ebenso breite Bedeutungsskala hat wie „lieben" auch im Deutschen. Müssen wir hier eine besondere Bedeutung aus dieser Skala aussuchen? etwa sagen: Hier handelt es sich um Ehrfurcht und nicht um Erotik? Ich meine, das müssen wir nicht. Sondern wir dürfen hier die ganze Bandbreite aller Liebe heraushören: „Von ganzem Herzen, von ganzer Seele und mit aller deiner Kraft.", eine umfassende Beziehung.

Oder doch nur Dankbarkeit? Der Beter begründet ja seine Liebe: „...da er meine Stimme, mein Flehen hört." Und wenn er es mal nicht hört, was wird dann aus dieser Liebe?

Das Hören, von dem der Beter spricht, ändert ja nicht seine Situation: Er ist umfangen von Todesstricken, ihn finden die Bedrängnisse der Unterwelt und er findet nichts als Not und Kummer; davor wird er nicht bewahrt. Aber in dieser Not ruft er zu dem, den er als gnädig, gerecht und barmherzig kennt: „Ach, JHWH, rette mein Leben!" Man kann auch übersetzen: „Rette meine Seele!". Das hebräische Wort *näphäsch*, das hier steht, umfasst beides und trennt nicht Leib und Seele; es umfasst die Ganzheit menschlicher Existenz in dieser Zeit und in der zukünftigen als eine Einheit: Das ganze Ich des Menschen vor Gott.

In all seiner äußeren Bedrängnis erfährt der Beter Hilfe und Schutz, findet er Ruhe auch angesichts dessen, was alles weiter auf ihn einstürmt. Gottes Güte lässt ihn überleben, bewahrt ihn vor Verzweiflung, lässt ihn seinen Weg gehen: Vor Gott hat er Leben auch angesichts des Todes.

Dabei täuscht er sich nichts vor. Er ist tief gebeugt, er erfährt die Menschen um sich als falsch und treulos, aber zugleich sagt er: „Ich glaube."

Für „Glauben" steht hier im Hebräischen das Verb „*aman*" - Amen: Ich glaube, ich vertraue, ich verlasse mich. Das ist die Grundhaltung, aus der heraus der Beter existiert, aus der heraus er weiß: Gott rettet - auch wenn ich selber im Moment von Rettung nichts spüre: „Ich glaube während ich sage: Ich bin tief gebeugt." Glauben ist eben nicht eine Haltung allein für schöne Tage und wunderbare Errettungen, sondern ebenso die Kraft zum Durchhalten, wenn es stürmt und Rettung nicht in Sicht ist.

Solcher Glaube ist nichts Theoretisches, sondern er lebt nur in der praktischen Erfahrung. Wenn ich einem Menschen in Not sage „Gott ist bei dir", dann hilft ihm das nichts, wenn er es nicht auch spürt, wenn er nicht Kontakt hat - wenn er nicht auch beten kann, und sei es Jesu Gebet am Kreuz: „Mein Gott, mein Gott, warum hast Du mich verlassen?".

Denn so weit scheint ja auch der Beter des Psalms gewesen zu sein: „Mich umfangen Stricke des Todes, und Bedrängnisse der Unterwelt finden mich." Statt der „Bedrängnisse der Unterwelt" könnte man auch „Kerker der Unterwelt" lesen. Er ist in den Fängen des Todes, die Unterwelt hat ihn schon vereinnahmt, und doch weiß er noch zu Gott zu rufen. Und Gott erhört.

Ich denke, dass hier die Parallele zum Tod und Leben Jesu gesehen werden kann, die diesen Psalm in die nachösterliche Zeit einordnet. Auch mit der Todessituation, auch mit dem Tod selber ist es nicht aus, sondern Gott rettet hindurch, reißt heraus ins Leben, das dann aber nicht immer dieses zeitliche sein muss, dessen wir uns noch mehr oder weniger erfreuen.

Das erfährt der Beter als Gnade; er weiß sich behütet, beruhigt, bewahrt, komme was da kommen mag - er liebt JHWH. Das ist keine Reaktion darauf, dass er ihn errettet hat. Aber in der Rettung wird ihm seine Liebe zu Gott bestätigt, erweist sich sein Glaube als richtig.

Vielleicht bin es ja nicht ich allein, der mit solch unerschütterlicher Glaubensfestigkeit, wie sie hier geäußert wird, seine Probleme hat. Wir machen ja alle oft genug die andere Erfahrung, dass Gott nicht rettet, jedenfalls nicht in dieses Leben; und wenn wir diese Erfahrung nicht an uns selber machen, weil wir noch gar nicht in Todesnot geraten sind und auch von den ihr verwandten Depressionen verschont bleiben, dann erleben wir es ja dauernd an anderen, wie mächtig der Tod in diese Welt hinein regiert, wie sich die Unterwelt in ihr verbreitet - und für die meisten ist da keine Rettung. Und da genügt es nicht, darauf zu verweisen, dass, wenn nicht in diesem Leben, dann in einem anderen Gott wieder für uns da sein wird. Vertröstungen auf den Himmel, die nicht auch auf Erden schon retten und helfen und herausreißen, sind mit größter Vorsicht zu genießen.

Und doch: Er rettet auch durch den Tod hindurch. Nur: Das tut er, Gott, allein. Das andere ist unsere Sache, nämlich daraus die Kraft zu nehmen, auch schon das Leben vor dem Tod als Leben zu gestalten und zu erhalten. Denn „Teuer ist in den Augen JHWHs das Sterben seiner Frommen", ein zu hoher Preis. Und ich bin sicher: Das gilt auch für seine Unfrommen, seine Sünder und Gottlosen, um derentwillen ja Jesus gekommen, gestorben und lebendig geworden ist. So teuer kommt es ihm. Und sollte es uns auch sein.

Der Beter erfährt sich als Gottes Eigentum. „Ach, wenn ich auch Dein Knecht bin, ich, Dein Knecht, Sohn Deiner Magd", ruft er. Das heißt nach dem zu seiner Zeit geltenden Recht: ein für immer Unfreier. Denn wer in der Sklaverei geboren wurde, hatte weder Anspruch noch Aussicht, je frei zu werden. Er besaß kein eigenes Leben.

Aber anders hier, wo nicht dieses Recht der Sklavenhalter gilt, sondern Gottes Gerechtigkeit: „Du löst meine Bande.", die Bande des Todes und die Bande der Verzweiflung und die Bande der Sklaverei. Er bleibt Gottes Knecht. Aber gerade dadurch ist er frei. Und das feiert er.

„Ich erhebe den Becher des Heils und rufe JHWH beim Namen." Welchen Becher? Wir sind nur sehr unzureichend über liturgische und rituelle Gebräuche der Zeit des Beters informiert und können daher nicht wissen, ob zu dem Dankopfer, mit dem er sein Gelübde erfüllen will, solch ein Becher-Erheben dazugehört hat, wie manche Ausleger hier meinen. Aber aus dem jüdischen Brauch der Passafeier wissen wir etwas von solch einem Becher: „Becher des Heils" heißt der Becher, der zu Schluss des Passamahls und als dessen Höhepunkt geleert wird, mit der Bedeutung, dass Gott die Kinder Israels als seine eigenen Kinder annimmt, aus Sklaven seine Freien macht, sein Bundesvolk, dem er die Treue hält - auch durch alle Untergänge hindurch.

So möchte ich mir den Beter dieses Psalms als Teilnehmer einer großen Passafeier vorstellen, zu der er nach Jerusalem gewallfahrtet ist, um dort sein Gelübde zu erfüllen, Gott den Dank für seine Rettung abzustatten. Und dann verwischt sich auch die Grenze zwischen seiner persönlich erfahrenen Rettung aus Todesnot und Menschentrug und der immer wieder erfahrenen Rettung der ganzen Gemeinde Israel, zuerst aus der Sklaverei in Ägypten und dann immer wieder aus allen Untergängen, die sie erfahren hat, wie die Deportation nach Babel - und weiter bis heute.

Die persönliche Erfahrung von Rettung des einzelnen Beters ist nämlich nicht zu trennen von der Erfahrung seines Volkes - und umgekehrt: Wären nicht immer wieder solche einzelnen Erfahrungen gemacht worden, wäre auch die Vergegenwärtigung der gemeinsamen Erfahrung seit dem Auszug aus Ägypten nicht möglich gewesen, zumindest nicht mehr seit dem vergangenen Jahrhundert, in dem die Todesnot dieses Volkes in den deutschen Vernichtungslagern ihren Höhepunkt erreicht hat. Und doch hat Israel als Ganzes, als Volk und als Gemeinde Gottes, mit seinen sechs Millionen Toten überlebt - und leben diese in der heutigen Gemeinde fort. Die Erinnerung an sie ist deshalb unverzichtbar für Israel.

Ich sagte schon am Anfang, dass wir gut bedenken müssen, wie weit wir unsere Erfahrungen in das Gebet eines Frommen aus Israel einbringen können. Für viele individuelle Erfahrungen ist das wohl denkbar. Und ist doch etwas anderes, denn es fehlt uns der Hintergrund der gemeinsamen Geschichte, des durch alle Katastrophen hindurch immer wieder bewährten Gottesbundes.

Aber wir dürfen dennoch hoffen: Hoffen auf den Sohn Gottes und Israels, der uns zum Bruder werden will, Jesus, der in seinen kurzen Erdenjahren für uns die ganze Geschichte seines Volkes durchlebt hat mit aller schönen und heilsamen Gemeinschaft, mit Gebet und Gotteslob, im Glauben und in der Hoffnung auf das kommende Reich Gottes, aber auch mit aller Todesnot und dem Gefangensein in der Unterwelt, mit totaler Verlassenheit und Menschentrug. Und er wurde von Gott daraus errettet, damit auch wir gerettet werden sollen. In ihm erfahren auch wir Bundestreue Gottes und dürfen hoffen, mit seinem Volk zusammen an Gottes Ziel zu gelangen, auf den Wegen, die er uns zeigt. Und das erlaubt es uns auch einzustimmen, wenn der Beter des Psalms singt: „Ich liebe JHWH". Amen.

Lied 400, 1. 3. 6. 7: Ich will dich lieben meine Stärke...

(Gebet:) Herr, Dich wollen wir lieben aus unserem ganzen Herzen und mit unserer ganzen Seele und mit unserer ganzen Kraft und mit unserem ganzen Denken. Mit Dir wollen wir teilhaben an dem, was Du tust: den Nächsten lieben wie uns selbst. Doch wir scheitern daran immer wieder, Ängste um uns selbst und Resignation vor dem zu großen Elend in der Welt behalten in uns die Oberhand und trennen uns von den anderen - und von Dir. Herr, überwinde Du unsere Ängste und die Resignation, überwinde Du unseren Unglauben. Wir wünschen es ja anders, als es ist: wir wünschen uns Leben und Lebensraum für alle Menschen und Deine ganze Schöpfung; wir wünschen uns Frieden auf der ganzen Erde; wir wünschen uns Freude an der Vielfalt und Verschiedenheit, mit der wir Menschen verschiedener Kulturen einander beschenken könnten; wir wünschen eine gerechte Verteilung Deiner Güter unter alle Deine Kinder; hilf Du uns, an der Verwirklichung all dieser Wünsche mitzuwirken. Wir bitten für Dein Volk Israel, dass es in Ruhe leben und Deiner Bestimmung folgen kann und dass Frieden von Jerusalem ausgeht für die Welt. Und wir bitten Dich: steh allen bei, die des Trostes bedürfen, unseren Kranken und Sterbenden, unseren Einsamen und Ziellosen. Zeige Du Dich ihnen als das Ziel und den Weg in der Zeit und in der Ewigkeit - und nimm auch dafür uns in Dienst. Gemeinsam bitten wir Dich: Unser Vater im Himmel...

**Predigt zu Psalm 119, 89 – 96 (lamed) am 6. Februar 2010
in der Schlosskirche Berlin Köpenick**

Lieder im Gottesdienst vor der Predigt waren (EG):   452, 1 – 5: Er weckt mich alle Morgen... und 295, 1 – 4: Wohl denen, die da wandeln...

Weitere Texte waren: Die Zehn Gebote und die Summe (EG 797 + 798), Lukas 8, 4 – 8. und das Bekenntnis „Wir sind nicht allein..."

Liebe Gemeinde,
im liturgischen Kalender sind als Wochenpsalm für diese Woche einige Verse des 119. Psalm angegeben, die aus vier verschiedenen Abschnitten und damit aus ihrem Zusammenhang genommen sind. Ich finde das wenig ehrfürchtig gegenüber dieser frommen Dichtung, die in 22 alphabetisch geordneten Abschnitten die Größe und Herrlichkeit der göttlichen Weisung besingt. In jedem dieser Abschnitte beginnen alle Verse mit dem selben Buchstaben, von *alef*, bis *tâw*. Die als Wochenpsalm zusammengesuchten Verse beginnen mit einem aus dem Abschnittes *lamed*, und ich denke: wir bleiben dabei, beim *lamed*:

Predigttext Psalm 119, 89 - 96. (der Abschnitt *lamed*)

Auf ewig, JHWH, steht dein Wort in den Himmeln.
Für Generation und Generation gilt deine Wahrheit: Du hast die Erde gegründet und sie bleibt.
Nach deinen Verordnungen stehen sie heute bereit, denn alles sind deine Diener.
Wäre deine Weisung nicht meine Wonne, würde ich mich in meinem Elend verlieren.
Niemals vergesse ich deine Befehle, denn in ihnen lässt du mich leben.
Auf dich hin bin ich, hilf mir heraus, denn ich suche deine Befehle.
Lauern mir Böse auf, mich zugrunde zu richten, bedenke ich deine Verheißungen.
Für alles Vollkommene sehe ich ein Ende, überaus weit ist dein Gebot.

Was den ganzen Psalm und auch gerade diesen Abschnitt auszeichnet, ist die Vielfalt der Begriffe, mit denen das Wort Gottes bezeichnet wird. Hier sind es sieben: *d'var'cha* = dein Wort oder dein Reden, *ämunatächa* = deine Wahrheit oder deine Treue oder deine Beständigkeit, *mischpatäjcha* = deine Verordnungen (mit Gesetzeskraft), *torat'cha* = deine Weisung, die Tora, *phiquwdäjcha* = deine Befehle oder deine Anordnungen – nur dieses kommt zweimal vor - , *edotäjcha* = deine Verheißungen oder deine Zeugnisse, und schließlich *mizvat'cha*, dein Gebot, das wir als die zehn Worte der Rede Gottes vorhin gehört haben und das quasi den Kreis schließt.

Sie haben bemerkt, dass sich auch diese sieben hebräischen Begriffe noch jeweils verschieden übersetzen lassen, wobei die eine Übersetzung die andere interpretiert, etwa so: Gottes Beständigkeit ist seine Treue, und das ist seine Wahrheit. In all diesen Begriffen entfaltet sich Gottes Wille für uns, dem sich anzuvertrauen Leben in seiner größten Fülle schenkt.

Dieses Wort Gottes füllt Himmel und Erde, damit setzt der Abschnitt ein, und zwar über alle Zeiten hinweg. Wir sehen in den Himmel nicht hinein, wir wissen aber, mehr noch als der Verfasser des Psalms, dass er uns in der unendlichen Größe umgibt, die wir heute Weltraum nennen. Den füllt Gottes Wille – und er fasst dennoch Gott nicht, der nicht nur in, sondern über allen Himmeln ist.

Das ist die Größe Gottes, die ihn uns fremd macht, souverän und unfassbar fern. Zu den Himmeln aber tritt dann die Erde, auf der wir stehen und uns bewegen, der Teil seiner Schöpfung, den wir anfassen und mit dem wir in verschiedener Weise umgehen können. Das ist der Grund unseres irdischen Seins, und zwar ein fester Grund, auf dem wir uns in der Gemeinschaft mit den gewesenen wie den kommenden Generationen verankert wissen dürfen. Der Anker ist aber nicht einfach Natur, sondern die Beständigkeit, die Treue, die Wahrheit Gottes, die diese Welt erhält, auch wo wir versuchen, sie zu zerstören.

Weltall und Erde, wie wir sie heute erkennen und uns in ihnen, sind Gottes Schöpfung; er hat sie angeordnet, nach seinem Willen gibt es sie. Der Verfasser des Psalms nennt diese Anordnungen *mischpatijm*, Verordnungen, die im israelitischen Recht regeln, wie man in bestimmten Situationen verfahren soll, damit das Gute gefördert und das Böse in die Schranken gewiesen wird, ohne damit Einzelheiten festzulegen. Im Rechtswesen leiten sie aus beispielhaften Fällen Grundsätze her, nach denen man sich richten soll, es bleibt aber denen, die das Rechtswesen handhaben, ein großer Spielraum, insbesondere für jede versöhnliche Beilegung von Streitfällen, ja, dazu besonders laden sie ein.

In der Schöpfung, in der wir uns heute vorfinden, ist also nicht alles und jedes so, wie es ist, Gottes Anordnung. Menschen und vielleicht auch andere Gewalten haben mitgestaltet – und auch vieles verpfuscht, wo sie die Grundsätze, die *mischpatijm*, nach denen da gestaltet werden sollte, verletzt haben. Dennoch gilt – und muss gerade deshalb betont werden: Alles, was da ist, ist Gottes Diener. Alles, was da ist, soll dazu dienen, seinen Willen zu erfüllen, der die tragende und erhaltende Kraft von allem ist, was da ist.

Das ist die äußere Disposition dieses Abschnitts, eine umfassende Einbettung in Gottes Willen, der sich in der Tora, der Weisung Gottes, erweist. Die besteht ja keineswegs nur aus Geboten und Verboten, sondern zu ihr gehören untrennbar auch die Schöpfungsberichte, die Geschichten der Erwählung und Befreiung Israels, Zuspruch und Vergebung, der Segen für Abrahams Nachkommen und durch sie für alle Welt. Wer das erfasst hat wie der Verfasser des Psalms, kann nicht anders, als von *schaaschuaj*, von Wonne oder Entzücken gepackt sein. Das reißt ihn aus seinem Elend, in dem er sich sonst, so sagt er, verlieren würde.

Das heißt, er ist äußerlich in einer eher misslichen Lage; er braucht Lebenshilfe, Hilfe, die ihn aus einer Sache oder Situation herausholt, die er nicht weiter beschreibt, er ist in Gefahr, dass Böse ihn zugrunde richten könnten. Die Großartigkeit des Wortes Gottes steht demnach in einem deutlichen Gegensatz zu seiner eigenen Existenz.

Wie sieht das bei uns aus? Um diesen Gegensatz zwischen unserer täglichen Existenz und dem Wort Gottes festzustellen, müssen wir gar kein Elend oder irgendwelche Bösen ausmachen, die uns zugrunde richten könnten – es reicht, dass wir dieses Wort der Weisung und Verheißung einfach wahr und ernst nehmen. Denn da können wir nur staunen, in welchen Rahmen es uns nicht nur stellen <u>will</u>, sondern tatsächlich auch stellt. Es ist der Einklang mit der ganzen Schöpfung und dem Schöpfer, mit Gott selber. Es ist Frieden und die Fülle des Lebens.

Aber wie das? In einer Welt voller Krieg und Kriegsgeschrei, in einer Welt, in der einem Drittel ihrer Bewohner schon die Fülle des Magens fehlt, geschweige denn die des Lebens? Ist diese Welt nicht zum Verzweifeln?

Ohne das Wort Gottes ist sie das tatsächlich. Dann fehlt ihr jegliche heilsame Perspektive. Wobei zu bemerken ist, dass es auch Menschen gibt, die die heilsame Perspektive kennen, ohne das Wort Gottes als solches zu vernehmen, ohne an Gottes Existenz glauben zu können. Die aber dennoch auf Gottes Ziel hin leben und arbeiten.

Um welche Perspektive geht es? Es geht um eine andere Welt in den Möglichkeiten der bestehenden. Es geht um eine Welt, in der das Leben Vorrang hat vor allem anderen. Es geht um Gerechtigkeit und um Freiheit. Es geht um die Grundvoraussetzung dazu: Um den Frieden, der mehr ist als das vorläufige Schweigen der Waffen.

Wir können dazu Vorstellungen entwickeln, und die sehen wohl bei jedem etwas anders aus, denn „Fülle des Lebens" bedeutet wohl für jeden von uns und in den verschiedenen Kulturen, in denen Menschen beheimatet sind, etwas anderes. Das sei jedem unbenommen, die Buntheit gehört zur Fülle des Lebens dazu.

Vorstellen kann man sich vieles. Aber wird sich nicht spätestens, wenn wir versuchen, unsere Vorstellungen von einer anderen, besseren Welt in die Tat umzusetzen, herausstellen, dass sie nichts sind als nur eitle Träume?

Der Verfasser unseres Psalms macht nicht den Eindruck, dass er die Welt verändert. Wer sich so viel Muße nimmt, dass er den 119. Psalm komponieren kann, wird für politische Aktionen nicht mehr viel Zeit übrig haben. Aber vielleicht täuscht dieser Eindruck. Ihm sind die *phiquwdijm* = die Befehle oder Anordnungen Gottes, das, worin er lebt. Das ist von den Synonymen, die er dem Wort Gottes beimisst, das konkreteste und in der Militär- und Amtssprache beheimatet: Die Befehle sagen deutlich, was zu tun ist, und man hat sie nicht zu hinterfragen. Man tut sie, weil sie der Wille eines Höheren sind, dessen Autorität nicht angezweifelt wird.

In ihnen, sagt der Verfasser, lässt Gott ihn leben, und deshalb sucht er noch weiter nach ihnen. Leben im absoluten Gehorsam? Es ist die Lebensweise des frommen Juden, des Zadik, des Gerechten vor Gott, der die 613 Gebote und Verbote der Bibel einhält – nicht, weil er muss, sondern weil er es von sich aus will. Er sucht und findet darin den Einklang mit dem Willen Gottes, und das ist ihm das höchste Glück, die Wonne, das Entzücken, deshalb feiert er das Gesetz und tanzt mit der Gesetzesrolle in den Armen durch die Synagoge.

Verändert er damit die Welt? Ja, auf seine Weise. Er zeigt ihr nämlich, dass es andere Werte gibt, als die, nach denen die meisten streben. Er lebt der Welt eine Alternative vor, die Gott die Ehre gibt und damit dem Leben. Wir brauchen sein Vorbild. Aber nicht, um ihn nachzuahmen in dem, was er im Einzelnen und wie er es tut, denn wir sind nicht Juden, sondern in dem, wie er das tägliche Leben vom Willen Gottes bestimmt sein lässt; wie er nicht um Erfolg und Anerkennung kämpfen muss, sondern Gott alle Ehre gibt; wie er Freude hat an den kleinsten Dingen, am scheinbar nebensächlichsten Gebot.

Wie lässt man als Nichtjude sein Leben von Gottes Willen bestimmt sein? Wie gibt man Gott alle Ehre? Wie entwickelt man Freude an den kleinsten Dingen? Indem man sich an Gott selber hält, an sein Wort der Weisung und Verheißung. Für uns: In der Nachfolge des frommen Juden Jesus aus Nazareth.

Da müssen wir noch viel lernen und es auch tun, auch in dieser Welt Unbeliebtes und Riskantes tun, um sie aufs Bessere, auf Gottes Willen für sie hin zu verändern. Und wenn wir darin persönlich scheitern – ja, wenn uns Böse zugrunde richten, wie sie Jesus aus Nazareth zugrunde gerichtet haben, dürfen wir wie er wissen: Was Gott verheißen hat, bleibt bestehen.

Wir haben zum Eingang das Gleichnis Jesu von den verschiedenen Böden für Saatgut gehört. Ich habe die Deutung, die das Evangelium nachliefert, nicht mitlesen lassen, denn es gibt noch eine andere: Die, dass es nicht an uns ist, zu bestimmen, wie viel Frucht jeder Einzelne fürs Gottesreich bringt und ob überhaupt. Dass es aber sehr wohl an uns ist, in diese Welt wie Saatgut in einem Acker hinein zu wirken, damit die Chance da ist, dass sie verändert wird. Nicht der Erfolg ist unsere Aufgabe, sondern das Tun. Und wenn das Tun vom Wort Gottes, von seinem Gebot, bestimmt ist, erfahren wir die unendliche Weite, die es auftut, auch über unser eigenes irdisches Sein weit hinaus.

Der Verfasser des Psalms sieht ein Ende: auch für alles Vollkommene; in dieser Welt hat nichts Bestand, auch er selbst und seine Frömmigkeit nicht, in der er dem Wort Gottes lebt. Weite und Zukunft hat nur dieses Wort, Weisung und Verheißung. Und in diesem Wort auch er, denn es ist das Wort, das ihn ins Leben gerufen und darin geleitet hat – und das ihn am Ende seiner Tage zurückruft in die große Weite. Das ist sein Teil und unser Teil auf ewig. Amen

(Gebet nach der Predigt:) Herr, unser Gott, wir preisen Dich und Dein Wort der Weisung und Verheißung; wir preisen es in seiner Größe und Unendlichkeit, die wir nur staunend ahnen, und in seiner Nähe und Lebendigkeit, wo es uns zum Leben erweckt und durch unser Leben führt.
Wir danken dir, dass wir nicht allein sind mit unserem Versuch, Deine Verheißungen zu glauben, sondern in der Gemeinde einen Ort haben, wo wir im gemeinsamen Hören eigene Erfahrungen teilen und gemeinsam auf die Botschaft Deines Wortes in der Bibel hören können. Lass uns dabei im Unfrieden dieser Zeit Kraft finden, für den Frieden einzutreten, für das Leben, das Du jedem Wesen auf Erden geschenkt hast.
Wir bitten Dich für alle, die in Kriegen leben und mit Krieg bedroht werden. Gib den Verantwortlichen Einsicht und wende ihren Sinn zur Hilfe statt zur Vernichtung. Wir bitten Dich für die Hungernden nach Brot und nach Menschenwürde; gib, dass sie die Fülle des Lebens erfahren und genießen können. Wir bitten Dich für alle, deren Leben und Lebensgrundlagen zerstört sind, wie den Menschen jetzt in Haiti. Lass sie einen neuen, besseren Anfang finden. Wir bitten dich für alle, die an den Ungewissheiten ihres Lebens leiden: Gib, dass Dein Zuspruch sie erreicht, lass sie wissen, dass du in Treue zu ihnen stehst. Wir bitten dich für alle, die die Orientierung verloren haben, die Angst haben vor dem nächsten Schritt, die nicht wissen, wohin sie sich wenden sollen: Lass deine Weisungen ihnen Hilfe zum Leben werden. Wir bitten dich für die, die hungern und dürsten nach Gerechtigkeit, die etwas ändern wollen an unserer Welt: Ermutige sie durch deine Verheißungen, weiter zu kämpfen und nicht zu resignieren vor der Macht derer, die den Ton angeben. Wir bitten dich für alle, die von Schicksalsschlägen getroffen sind und an dir verzweifeln: Richte sie auf durch die biblischen Geschichten von denen, die deine Hilfe erfahren haben.
Wir bitten dich für die, die Dein Wort neu kennen lernen: Erhalte ihnen die Freude an deinem Wort und gib ihrem Verstehen Tiefe.
Für uns alle bitten wir dich: Erschließe uns Dein Wort in den biblischen Schriften als das Wort voller Leben, das Deine Lebendigkeit bezeugt und uns erfrischt und Mut macht zu dem, worum wir Dich mit Jesu Worten bitten: Unser Vater im Himmel...

Lied 414, 1 – 4: Lass mich, o Herr, in allen Dingen...

**Predigt zu Psalm 138 am 25. August 1996
im evangelischen Gemeindesaal in Schwedt-Vierraden**

Lieder vor der Predigt: 289, 1-3: Nun lob mein Seel den Herren..., 289, 4+5: Die Gottesgnad alleine... und 303, 1-3+8: Lobe den Herren, o meine Seele...

Weitere Texte: Jesaja 42, 3., die Zehn Gebote, Jakobus 1, 1-12. und Frage und Antwort 86 aus dem Heidelberger Katechismus

Predigttext: der 138. Psalm (Übersetzung nach H.-J. Kraus)

Von David. Ich danke Dir von ganzem Herzen, vor den Göttern will ich Dir lobsingen!Ich falle nieder vor Deinem heiligen Tempel und danke Deinem Namen für Deine Treue und Huld. Denn über alle Himmel erhöht hast Du Deinen Namen und Dein Wort.
Am Tage, da ich schrie, erhörtest Du mich, vermehrtest mir die Kraft meiner Seele!
Es sollen Dir danken, Herr, alle Könige der Erde, wenn sie die Worte Deines Mundes gehört!
Von den Wegen des Herrn sollen sie singen, denn groß ist des Herren Herrlichkeit!
Ja, hoch erhaben ist der Herr und schaut doch auf Niedrige, und den Stolzen erkennt er von ferne.
Muss ich auch mitten in Bedrängnis wandeln, Du gibst mir Leben - trotz meiner Feinde Zorn. Du streckst Deine Hand aus, mir hilft Deine Rechte!
Der Herr wird's für mich vollbringen. Herr, Deine Huld währt ewig. Lass nicht fahren das Werk Deiner Hände! Amen.

Liebe Gemeinde,
   wenn wir nun über diesen Psalm nachdenken wollen, was haben wir da zu bedenken? Ich weiß nicht, wie es Ihnen geht, wenn Sie diese Worte hören; mich jedenfalls beeindruckt immer wieder das große Selbstbewusstsein, mit dem dieser Psalmsänger vor Götter und Könige hintritt und sie herausfordert mit dem, was er da singen muss - muss, weil er es an sich selbst erfahren hat.

Dabei gehört er selber keineswegs zu den Göttern, auch nicht zu den Priestern eines Gottes, und auch nicht zu den Königen; obwohl über dem Psalm steht: „Von David". Aber wir wissen, dass das keine Autorenangabe ist, sondern eine Art Widmung, vielleicht auch ein Hinweis auf die Melodie.

Der hier singt, ist kein Priester und kein König. Priester und Könige beten im Inneren des Tempels; unser Psalmsänger aber betet vor dem Tempel, in der sogenannten Vorhalle des Volkes, einem offenen, meist von vielen Menschen gefüllten Hof. Der Sänger tritt nicht heraus aus dieser Menge der Gläubigen; er singt in ihrer Mitte als einer von ihnen.

Das, was ihn allenfalls abhebt von den anderen, ist das, was er dort singt, oder genauer: das, was ihn da singen macht.

Er hat mit seinem Gott, dem Gott Israels, eine besondere Erfahrung gemacht, und die muss er jetzt heraussingen: „Am Tage, da ich schrie, erhörtest Du mich."

Wir wissen nicht was und weshalb er schrie. Der Psalm beschränkt sich auf Andeutungen, spricht sehr allgemein von Bedrängnis und von Feinden. Schrie er ihretwegen, und der Herr errette ihn vor ihnen? Dass er ihretwegen schrie, weil die Feinde ihn bedrängten, ist wohl anzunehmen. Vom anderen aber steht hier nichts: dass der Herr ihn auch von den Feinden errettet hätte. Im Gegenteil: die sind noch da, die Bedrängnis dauert an: „Muss ich auch mitten in Bedrängnis wandeln - Du gibst mir Leben - trotz meiner Feinde Zorn."

Wie hat ihn dann der Herr erhört? Mitten in Bedrängnis und unter dem fortgesetzten Zorn der Feinde ist er nach wie vor. Aber: „Du vermehrtest mir die Kraft meiner Seele."

Nicht die äußere Situation ist verändert worden, aber in ihr, vielleicht sogar durch sie, ist dem Sänger neue Lebenskraft zugeflossen.

Sind das seelische oder psychische Kräfte - oder handelt es sich um eine körperliche Stärkung? Die hebräische Sprache des Psalms trennt da nicht, und ich denke, das entspricht oft auch unserer eigenen Erfahrung, dass Geist und Gemüt und unsere körperliche Verfassung miteinander zu tun haben. Erst zusammen machen sie aus, was wir „Lebenskraft" nennen könnten, und mit „Lebenskraft" kann man auch das benennen, was aus dem Hebräischen normalerweise mit „Seele" übersetzt wird. Dabei ist mitgedacht, dass alles nicht unserer eigenes

Verdienst ist oder auf eigener Leistung beruht, sondern Geschenk Gottes ist.

Der Psalmsänger war wohl verzagt vor einer Situation, in die er geraten war, und in der er nicht weitergewusst, und hat dann in seiner Angst zum Herrn geschrien.

An der Situation hat das nichts geändert. Aber seine Angst hat er in den Griff bekommen: er kann nun mit ihr und deshalb auch mit der Angst machenden Situation umgehen.

Und dafür preist er den Namen des Herrn - und sein Wort. Denn nicht ein direkter Eingriff in den Lauf der Geschichte macht ihn singen, sondern das Wort Gottes, das Wort, in dem Gott sich selber als der bezeugt, der über alle Himmel erhaben ist und sich zugleich den Niedrigen zuwendet.

Er wendet sich dem zu, der hier geschrien hat, und allen anderen, die Grund zum Schreien haben. Denn Gott steht auf ihrer Seite.

Das wird nicht unmittelbar erfahren, sondern nur durch Gottes Wort, durch die Zusage der Treue Gottes an sein Volk, und durch Jesus Christus an die aus allen Völkern, die dieses Wort hören. Denn dieses Wort ist kein gewöhnliches Wort, sondern das Wort, in dem Gott selber sich uns zum Geschenk macht.

Und deshalb ist auch die vermehrte Seelen- oder Lebenskraft, die der Sänger erfahren hat, nicht eine Sache der Stimmung oder körperlichen Stärkung, sondern es ist die Lebenskraft Gottes, die ihm zufließt, Gottes Dasein im Leben dieses Menschen.

Fragen Sie mich jetzt bitte nicht, wie das dem Sänger bewusst geworden ist. Es war Antwort auf sein Schreien, das muss uns als Auskunft genügen. Denn mehr steht hier nicht - außer diesem: Name und Wort Gottes. Und das ist mehr als genug.

In dem Wissen, dass Gott mit seinem Namen und seinem Wort auf seiner Seite steht, kann der Sänger nun alle Götter dieser Welt herausfordern.

Man hat schon viel überlegt, wer denn hier mit „Götter" gemeint sei. Es ist ungewöhnlich, dass die hebräische Bibel von ihnen spricht, ohne sie zugleich als „Nichts" oder als tot zu entlarven.

Aber auch wenn sie das in Wirklichkeit sind, tote Nichtse, so sind sie doch in der Geschichte des Gottesvolkes Israel immer wieder sehr real in Erscheinung getreten: Die Gottheiten der Kanaanäer und Philistäer, die versuchten, das Volk vom Wort und der Weisung Gottes ab- und unter eine anderes Rechts- und Herrschaftssystem zu bringen. Oder die Gottheit Assur, in deren Namen die Assyrer das Nordreich Israels ausgelöscht haben. Oder die Götter Babyloniens, zu deren Ehre Jerusalem zerstört und seine Bewohner verschleppt wurden. Alle diese Götter, auch wenn sie nur in den Köpfen ihrer Priester und Anhänger existierten, hatten in der Geschichte Israels ihre reale, zerstörerische Wirkung. Und zu der Zeit, in der der Psalm wahrscheinlich entstanden ist, waren es vielleicht die Götter Griechenlands als Repräsentanten eines neuen Zeitalters, das da hereinbrach.

So bunt und vielfältig die Vorstellungen sind, die die Völker von ihren Gottheiten entwickelt haben, ist ihnen doch allein gemein, dass sie Heil oder zumindest Schutz vor Unheil nur denen versprechen, die sie anbeten. Und damit gehören sie keineswegs der Vergangenheit an, auch wenn man sie heute nicht mehr „Götter" nennt.

Wir kennen sie ja, die uns heute versprechen, uns vor Unheil zu bewahren, wenn wir nur ihre Versicherungsverträge unterschreiben und die Prämien bezahlen; oder die uns Heil versprechen, wenn wir ihren Ideen folgen; und da treten sie auch wieder in religiösem Gewand auf, nicht nur in dem von politischen oder ökonomischen Heilslehren.

Angesichts solcher und anderer Heilsversprechen und vor-Unheil-Schützer und ihnen zum Trotz singt unser Psalmsänger das Lob seines Gottes, dessen Name und Wort weit über die Himmel hinausgeht, die sie uns versprechen und die wir doch nie erreichen werden.

Sein Gott, der Gott Israels und Vater Jesu, ist anders. Er steht nicht wie sie auf der Seite der Gewinner, sondern auf der der Verlierer, das heißt: auf der Seite der Opfer und damit der Mehrheit der Menschen - und auch auf der der nichtmenschlichen Schöpfung.

Ob auch auf unserer Seite, hängt davon ab, auf welche Seite wir uns stellen.

Die zweite Gruppe, die der Sänger unseres Psalms herausfordert, sind die Könige der Erde: „Es sollen Dir danken, Herr, alle Könige der Erde, wenn sie die Worte Deines Mundes gehört."

Vielleicht ist das sogar noch die größere Herausforderung, denn hier handelt es sich um die realen Repräsentanten der vorgenannten Götter, um diejenigen also, die in ihrem Namen Politik im Großen wie im Kleinen betreiben, die durch Änderungen des Steuerwesens die

Verteilung des Reichtums von unten nach oben fördern, die, um den Wohlhabenden Geld zu sparen, Tausende in die Arbeitslosigkeit schicken, die das Verhungern von Millionen in der Dritten Welt in Kauf nehmen, um im eigenen Land wiedergewählt zu werden, die militärische Aktionen und Kriege anzetteln. Sie sind die willfährigen Diener jener Gottheiten, die heute zum Beispiel „Wirtschaftsstandort", „Sicherheit", „Markt" und „Wachstum" heißen, und die es ohne sie vielleicht gar nicht gäbe. Sich ihnen entgegenzustellen, kann empfindliche Folgen nicht nur für das Portemonnaie haben.

Ist es Ironie, wenn unser Psalmist sie auffordert: „Es sollen Dir danken, Herr, alle Könige der Erde, wenn sie die Worte Deines Mundes gehört! Von den Wegen des Herrn sollen sie singen, denn groß ist des Herren Herrlichkeit!" - die Herrlichkeit nämlich des Gottes, der auf der Seite ihrer Opfer steht? Und er fährt fort: „Ja, hoch erhaben ist der Herr und schaut doch auf Niedrige, und den Stolzen erkennt er von ferne."

Sollen sie Gott dafür danken, dass er sich ihrer Opfer annimmt, derer, die durch ihr Treiben auf der Strecke bleiben? Und der zugleich sie, die stolzen Könige oder die, die heute an ihrer Stelle stehen, als unbarmherzig und hochmütig entlarvt?

Ja, gerade dafür!

Denn bei der Erlösung und Befreiung der Niedrigen, der Opfer heutiger Machtausübung, soll es nicht einfach um eine Umkehrung der bisherigen Machtverhältnisse gehen, so, dass die gestern Mächtigen morgen die Getretenen sind.

Sondern es geht ebenso um die Befreiung der Mächtigen aus der Abhängigkeit von ihren falschen Göttern - und von ihrer Macht. Es geht um ihre Befreiung aus Schuld und Gottferne, vor der sie auch ein christliches Etikett nicht bewahrt. Dazu müssen aber Schuld und Gottferne zuvor erkannt werden. Aber wie?

Das Wort Gottes deckt sie auf. Es nennt Sünde „Sünde" - und nicht länger „Notwendigkeit", „Fortschritt", „Konsolidierung", „Markt" oder „Sachzwang", oder was immer ihnen an neuen Namen einfällt, um die alte Ungerechtigkeit fortzuführen. Und indem das Wort Gottes so klar redet, befreit es den Sünder aus den Zwängen, denen er sich selbst untergeordnet oder die er sich selbst auferlegt hat. Es eröffnet ihm den Weg zur Umkehr, zur Gemeinschaft mit den bisher Niedrigen, zum

Dienst in ihrem Interesse - und damit in die Gemeinschaft mit Gott selber.

Der Weg von der Erkenntnis der Schuld zu einer anderen Praxis ist allerdings kompliziert und gefährlich; guter Wille allein reicht da nicht aus, und wer von den Verantwortlichen diesen Weg konsequent gehen will, kann sich nur allzu rasch in der Gesellschaft dessen wiederfinden, der von seiner Feinde Zorn bedrängt wird. Aber das ist eine gute Gesellschaft.

Dennoch sollen die Könige auf diese andere Möglichkeit hin danken und singen! Denn anders kommen sie nicht auf den Weg. Und dieser Weg ist der einzige, dessen Ziel fest ist: Der Frieden Gottes mit der Welt und in der Welt. Fest und gewiss ist dieses Ziel durch das Wort Gottes, der mit seinem Namen dafür bürgt, dass die Feinde seines Friedens, die sich heute noch wie Götter aufführen können, überwunden - nicht erst dermaleinst werden, sondern heute schon sind.

Sie sind nicht überwunden durch Gegengewalt gegen ihre eigene, so, wie sie sich auch gegenseitig immer wieder zu überwinden versuchen und damit das Elend der Menschen und der weiteren Schöpfung noch vergrößern. Überwunden sind sie durch die Liebe Gottes, die sich in seinem Wort offenbart, die sich am Kreuz Jesu offenbart, in seiner Wehrlosigkeit, in dem da Gott die Partei der Opfer ergreift, und die doch den Sieg über alle Todesmächte davonträgt.

Davon merken wir im praktischen Leben vielleicht nichts - so, wie ja auch für den Psalmsänger Bedrängnis und Feindeszorn fortbestehen. Aber wir können im Vertrauen auf Gottes Wort, das uns die Überwindung der bösen Mächte zusichert, selber anders mit ihnen umgehen und ihnen mit der Sicherheit entgegentreten, dass Gott auf der Seite der Opfer ist. Wir werden es nicht schaffen, selber die ganze Welt nach dem Willen Gottes zu reformieren. Aber wir können zumindest im Kleinen damit anfangen. Und wir stehen dabei unter keinem Erfolgszwang wie die Könige der Erde und ihre Nachfolger, denn „Der Herr wird's für mich vollbringen! Herr, Deine Huld währt ewig! Lass nicht fahren das Werk Deiner Hände! Amen.

Lied 196, 1+2+5+6: Herr, für Dein Wort...

(Gebet:) Herr, der Du Gewaltige von ihrer Gewalt erlösen und mit ihren Opfern versöhnen willst, erlöse auch uns aus unserer Lauheit und Verzagtheit, aus unserer dauernden Ja-aber-Haltung zwischen Resignation und Trägheit. Erfülle uns dazu mit Deinem Geist, der uns die Wahrheit Deines Wortes erschließt und damit das Leben, das Du uns verheißen hast. Hole uns auf Deine Seite, die Seite der Niedrigen und der Opfer, denen ihre Rechte als Deine Kinder vorenthalten werden, denen das Recht auf sinnvolle Arbeit genommen wird, denen die Zukunft versperrt wird. Sei Du ihre heilende Zukunft, nicht erst in der Ewigkeit, sondern auch schon heute. Wir bitten Dich für alle, die unter Krieg und Kriegsgeschrei und den Folgen leiden. Schenke den Mächtigen den Verstand, der alle egoistischen Nationalismen überwindet und für einen gerechten Ausgleich zwischen den Klassen, Völkern und Rassen eintritt. Und wo sie sich dieser Aufgabe verweigern, da erlöse sie von dem Bösen, das sie tun; befreie sie von ihrem Ämtern und die Völker von ihrem Walten. Wir bitten Dich für alle Vereinsamten, für alle Kranken, für alle, die verzagt in die Zukunft sehen oder sich an falsche Sicherheiten klammern und falschen Zielen sich verschreiben. Schenke ihnen und uns allen den Blick auf Dein kommendes reich, um das wir bitten, wie es uns Jesus gelehrt hat:

Unser Vater im Himmel...

Predigt zu Psalm 146 am Sonntag Cantate, 9. Mai 2004,
in der Französischen Friedrichstadtkirche zu Berlin

Lieder im Gottesdienst vor der Predigt waren: 443, 1 – 3. 6. 7., Aus meines Herzens Grunde..., 196, 1. 2. 5. 6., Herr, für dein Wort sei hoch gepreist... und 302, 1 – 4. 8., Du meine Seele singe....

Weitere Texte waren: Ps. 98, 1., Psalm 98 im Wechsel nach EG 739, die Zehn Gebote, Kolosser 3, 12 – 17. und Frage und Antwort 86 des Heidelberger Katechismus.

Der Predigttext Psalm 146:

Hallelu-JAH! Lobe, meine Seele, JHWH!
Ich lobe JHWH mein Leben lang, ich singe meinem Gott, so lange ich bin.
Ihr werdet nicht auf Fürsten vertrauen, auf einen Adamssohn, bei dem doch keine Rettung ist.
Aus geht sein Geist, er kehrt zurück zu seiner Erde: an dem Tag verschwinden seine Pläne.
Selig, wem der Gott Jakobs Hilfe ist, dessen Hoffnung auf JHWH, seinem Gott, liegt,
der Himmel und Erde macht, das Meer und alles, was darin ist, der Treue hält ewig,
der den Unterdrückten Recht schafft, den Hungernden Brot gibt, JHWH ist's, der Gebundene befreit.
JHWH ist's, der den Blinden die Augen öffnet, JHWH ist's, der Gebeugte erhebt, JHWH ist's, der die Gerechten liebt,
JHWH ist's, der die Fremden beschützt: Er stützt Waise und Witwe, aber der Bösen Weg macht er krumm.
König ist JHWH, dein Gott, Zion!

Liebe Gemeinde,
 neunmal steht in diesem Psalm Gottes unaussprechliche Name aus den vier Buchstaben J-H-W-H; damit nennt mehr als jedes zehnte Wort ausdrücklich IHN, den wir als den HERRN oder den EWIGEN oder einfach als IHN oder ER umschreiben (was ebenso gut SIE heißen könnte), denn

sein oder ihr Name ist zu heilig, als dass wir ihn im Munde führen könnten.

Und doch lädt dieser Psalm ein, ihn zu nennen, ihn wenigstens anklingen zu lassen, nämlich im „Hallelu-JAH" = Lobet JAH – aber nicht weiter! Schon diese erste Silbe ist vielleicht ein Zuviel, eine Vermessenheit. Steht es uns zu, IHM verbal so nahe zu treten?

15 der 150 Psalmen des biblischen Psalters beginnen oder enden oder tun beides mit diesem Lobruf „Hallelu-JAH", den Rabbi Jehoschua ben Levi als das Größte bezeichnet, was im Gebet möglich ist: Erlaubt er es doch, mit dem Lobpreis, im Lobpreis den unaussprechlichen Namen Gottes anklingen zu lassen.

Warum sollen wir Gott loben? Hat er das nötig? Was würde er denn machen, wenn er ungelobt bliebe? Das entzieht sich unserer Erkenntnis. Nicht aber entzieht sich unserer Erkenntnis, was er macht, wenn er von uns gelobt wird: Er tut dann das, um dessentwillen wir ihn loben. Unser Gotteslob ist nämlich in erster Linie ein Erkenntnisakt, in dem wir wahrnehmen und annehmen, was Gott für uns tut. Und wenn wir das recht wahr- und annehmen, kann es nur zum weiteren Lob führen. Und dazu lassen Sie uns jetzt ein „Hallelu-Jah" singen, wie es im Gesangbuch unter der Nummer 181. 3. steht. (dreifaches Hallelujah).

Wir loben Gott mit Singen; dazu lädt uns der heutige Sonntag Cantate besonders ein, und wir werden auch gleich noch von unserem Chor mit Kammerorchester eine Kantate hören, die das Gotteslob erklingen lässt. Das gesungene und auf Instrumenten gespielte Gotteslob ist etwas Gutes. Aber wir werden es dabei nicht bewenden lassen.

Dem Reformator Huldrych Zwingli wird nachgesagt, er habe das gesungene Gotteslob in Zürich abgeschafft. In der Tat hat er den Gesang der Mönchs- und Nonnenchöre im Gottesdienst unterbunden, aber nicht aus Gegnerschaft zur Musik, sondern ihr zur Ehre, denn dieser Gesang soll nur jämmerlich geklungen haben. Um an seine Stelle einen Gemeindegesang zu setzen, hat er nicht nur nicht lange genug gelebt, den Psalmengesang an anderen Orten hat er durchaus gutgeheißen; sondern sein Konzept von Gottesdienst, der die Gemeinde vor allem zum eigenen Weiterdenken und zur christlichen Praxis im Alltag führen sollte, hatte Kirchenmusik nicht nötig. Aber das christliche Leben im Alltag hatte für Zwingli die Musik durchaus nötig: In Haus und Schule, bei gesellingem Zusammensein und bei theatermäßigen Aufführungen auch biblischer Themen. Da war der Musikliebhaber Zwingli, der fast jedes Instrument spielen konnte, auch nachts kaum zu bremsen; die Beschwerden von Nachbarn sind dokumentiert.

Zwingli unterschied nicht zwischen geistlicher und weltlicher Musik: Für ihn war jegliche Musik ein Gotteslob, so wie das Leben als Ganzes ein Gotteslob sein soll, so, wie wir es vorher in der Lesung gehört haben und in der Kantate noch einmal hören werden: „Alles, was ihr tut mit Worten oder mit Werken, das tut alles im Namen des Herrn Jesu und danket Gott dem Vater durch ihn."

Die Gefahr eines Sonntags Cantate und des Konzepts von „geistlicher" gegen „weltliche" Musik besteht darin, dass das Gotteslob, das immer auch Dank ist, beschränkt wird auf besondere, abgehobene Gelegenheiten. Nein, auch ein Lied über die Natur, über den Frühling in seiner Blumenpracht lobt, richtig gesungen, den Schöpfer, und jedes Liebeslied erst recht. Und die Lieder, die etwas anderes höher stellen wollen als Gott, etwa „Deutschland, Deutschland über alles...", die singen wir nicht.

Das ist auch unserem Psalm wichtig: Setzt nicht das Vertrauen auf Menschen oder Geschaffenes. Damit ist nicht das Vertrauen in die Ehrlichkeit des Nächsten gemeint, sondern das Sich-Verlassen auf politische Führer oder Ideen. Wer sich auf die verlässt, wird bald selbst verlassen sein.

Das ist nicht nur eine Warnung, sondern vor allem ein Ruf in die Freiheit, ein Kommentar zum ersten und zweiten Gebot, dass wir uns nicht beugen vor weltlichen Gewalten und Ideen und uns von ihnen nicht verbiegen lassen, sondern uns nur auf den verlassen, der das Leben schenkt und einen nie verlässt: der Treue hält ewig. Aber was heißt das praktisch?

Der Psalm besingt Gott als den, der den Unterdrückten Recht schafft, den Hungernden Brot gibt, die Gebundenen befreit, den Blinden die Augen öffnet, die Gebeugten erhebt, die Fremden schützt und Witwen uns Waisen unterstützt. Aber das alles tut Gott nicht an unserer statt, dass wir dem nur zusehen müssten, sondern das alles tut er durch uns – so wir es denn tun. Und so wir es nicht tun, geraten wir auf krumme Wege.

Das gesungene und instrumental gespielte Gotteslob kann immer nur Begleitmusik dazu sein, aufmunternd, unterstützend, Mut machend; wenn es aber zum Selbstzweck wird, lobt es nicht Gott, sondern gerät zum Selbstlob der Künstler. Das ist der tiefere Grund, warum nach geistlicher Musik nicht geklatscht werden soll. Wenn das Klatschen aber nicht den Künstler, sondern die Sache meint und also in das Gotteslob einstimmt, dann kann es auch Gott wohlgefällig sein.

Zur Nachfolge Gottes lädt Mose das Volk Israel ein, zur Nachfolge Jesu laden uns die Apostel auf den selben Weg ein, nämlich in der Welt das zu tun, was Gott tut: Die Schöpfung lieben, Recht und Gerechtigkeit durchsetzen, Freiheit schaffen und bewahren und Erkenntnis mitteilen, auf die Seite der Armen und Ausgestoßenen treten und so die Seinen sein, eins mit ihm, sein Königtum, seinen großen Namen verbreiten, dass alle Kreatur einstimmen mag ins „Hallelu-Jah", das wir jetzt noch einmal singen wollen (dreifaches Hallelujah nach EG 181, 3.).

Amen.

Das war der Predigt erster Teil. Den zweiten singt der Chor (Kantate „Alles, was ihr tut...").

(Gebet nach der Predigt:) Herr, Barmherziger, gnädiger Gott der du uns Vater und Mutter bist! Dein Lob singen wir – aus Freude an unserem Leben und auch aus Protest gegen alles Elend, das den Jubel deiner Schöpfung erstickt. Du bist In den Schwachen mächtig, in Verzweiflung und Not schenkst du Menschen neue Kraft. In das ewig gleiche Lied von Hass, Verbitterung und Tod bringst du einen anderen Ton hinein. Du machst uns fähig zu träumen, auch wenn wir uns das Ausbrechen aus unserem Elend verbieten. Du machst uns fähig zur Umkehr, auch wenn uns die Schuld niederdrückt. Darum singen wir ein neues Lied für dich in dieser bösen Zeit. Wir bitten dich für alle Menschen, die Gefangene der Umstände sind, die zu Tätern des Bösen werden aus Wut über die eigene Not, aus Gedankenlosigkeit und Resignation. Lass sie erfahren, dass du Schuld vergibst und dass sie ihr Leben nicht auf die sogenannten Sachzwänge bauen müssen. Bring sie ab von einem Heldentum, das sich an Schwachen vergreift, und verwehre ihnen die banale Rechtfertigung, die anderen täten es ja auch. Lass sie mit ihrem Leben ein neues Lied anstimmen, ein Lied zur Ehre deiner Gerechtigkeit. Breite deine Gerechtigkeit aus über unsere Welt, und lass sie im Licht deiner Wahrheit zu neuem Glanz kommen. Wir bitten dich für alle, die immer noch das alte Lied spielen vom Tod und von der Verachtung menschlicher

Würde und menschlichen Glücks. Zieh sie zur Rechenschaft, erfülle sie mit einem neuen Geist und mit Liebe zum Leben. Wir bitten dich für alle, denen das Singen vergangen ist, weil sie zu Furchtbares gesehen und erlebt haben: für die Menschen im Krieg und auf der Flucht, für die vergewaltigten Frauen und Männer, für die Kinder, die um ihre Kindheit betrogen werden. Für alle, denen Kummer und ohnmächtige Wut die Kehle zuschnüren, bitten wir dich: Mache doch ihrer Not ein Ende, richte sie auf und gib ihrem Leben eine neue Wendung! Stärke alle, die mit Hingabe daran arbeiten, dass deine Geschöpfe in Würde leben und auch in Würde sterben können. Lass uns nicht müde werden in der Hoffnung auf dich. Wir bitten gemeinsam mit den Worten Jesu: Unser Vater im Himmel...